KB267934

콘텐츠
설계자

THE ART AND BUSINESS OF ONLINE WRITING

콘텐츠 설계자

니콜라스 콜 지음 | 이민희 옮김

윌북

자신만의 방식으로 프로 작가가 되고자 하는 모든 이들에게 이 책을 바칩니다.
제가 문예창작과를 졸업하던 스물세 살에 선물 받았더라면 좋았을 책입니다.
자기만의 방식으로 작가가 되고 싶은 모든 이에게 바칩니다.
즐겁게 읽으시길!

글쓰기는 '예술'이 아니라 '비즈니스'다

대한민국에서 글로 밥 벌어먹고 싶은 당신이
반드시 읽어야 할 전략서

'글을 쓰면 배고프다.' 이 말은 반은 맞고 반은 틀렸다. 혼자만의 일기장에 갇힌 글을 쓰면 배고프지만, 시장이 원하는 글을 쓰면 그 어떤 사업보다 배부르다. 나는 이 진리를 깨닫는 데 꽤 오랜 시간이 걸렸지만, 이 책의 저자 니콜라스 콜은 그 사실을 20대에 간파했다. 그리고 글쓰기 하나로 수백만 달러 규모의 비즈니스 제국을 건설했다.

이 책 『콘텐츠 설계자』의 원고를 먼저 받아 읽으며 나는 전율했다. 내가 지난 수년간 한국의 수많은 콘텐츠 마케터와 예비 작가들에게 목이 터져라 외쳤던 이야기들이, 태평양 건너편의 한 천재적인 '데이터 글쓰기' 전문가의 입을 통해 더 정교하고 체계적인 언어로 증명되고 있었기 때문이다. 니콜라스 콜은 낭만적인 문학청년이 아니다. 그는 철저한 '게이머'다. 그는 온라인 글쓰기라는 게임의 법칙을 간파했다. 그 법칙이란 '영감이 떠오를 때까지 기다리지 말고, 일단 독자가 있는 곳에 매일 써라. 그리고 데이터가 하는 말에 복종하라'는 것이다. 그는 예술가들이 고고하게 영감을 기다릴 때, 매일 글을 발행하고 조회수와 댓글이라는 데이터를 분석해 철저히 '팔리는 글'을 설계했다. 그 결과 그는 1억 뷰라는 경이로운 기록을 세우고, 그것을 그대로 통장의 잔고로 환전했다.

누군가는 물을 것이다. "이건 미국 이야기 아닌가요? 쿼라Quora 나 미디엄Medium 같은 플랫폼은 한국에선 주류가 아니잖아요." 단언 컨대, 이것은 착각이다. 플랫폼의 이름만 다를 뿐, 이 책에 담긴 '수 익화 메커니즘'은 지금 당장 대한민국에서도 100퍼센트 유효하다. 아니, 오히려 한국이기에 더 뜨겁다. 미국의 '미디엄'이 한국의 '브 런치스토리'나 유료 뉴스레터 서비스라면, '쿼라'는 한국의 지식인 이나 각종 커뮤니티, 블로그 생태계와 본질이 같다. 플랫폼은 변해 도 사람의 심리와 데이터를 기반으로 한 설득의 기술은 변하지 않는 다. 지금 한국 시장을 보라. 단순히 글을 잘 쓰는 작가가 아니라, 자 신의 지식과 경험을 콘텐츠로 가공해 전자책을 팔고, 강의를 하고, 뉴스레터를 발행하며 '1인 기업'으로 우뚝 서는 이들이 쏟아져 나오 고 있다. 바야흐로 '콘텐츠로 돈을 버는 시대'가 활짝 열린 것이다.

나 역시 필명 '글천개'로 활동하며 무수히 많은 글을 써왔다. 내가 강조하는 철학은 단순하다. '질보다 양이 먼저다. 1000개의 글을 쓰면 데이터가 쌓이고, 그 데이터가 당신을 전문가로 만든다.' 이 책의 저자 역시 마찬가지다. 그는 블로그부터 개설해놓고 파리

날리는 텅 빈 공간에서 좌절하지 말라고 조언한다. 이미 사람들이 모여 있는 소셜 플랫폼으로 나아가, 내 글이 먹히는지 안 먹히는지 매일매일 데이터로 '매매'하라고 한다. 이것이야말로 땡전 한 푼 들이지 않고 내 콘텐츠의 시장성을 검증하는 가장 확실한 방법이다.

이 책은 글쓰기 작법서가 아니다. 이것은 처절하고도 명쾌한 '비즈니스 전략서'다. 저자는 독자가 클릭하게 만드는 헤드라인을 뽑는 법부터, 무료 콘텐츠를 유료 상품으로 전환하는 법, 나아가 글쓰기를 대행해주는 에이전시로 확장하는 법까지, 글 하나로 돈을 벌 수 있는 모든 로드맵을 적나라하게 공개한다. 당신이 만약 '내 글은 왜 아무도 안 읽어줄까?'라고 한탄만 하고 있는 작가 지망생이라면, 혹은 콘텐츠 마케팅을 해야 하는데 도대체 뭘 써야 할지 몰라 빈 모니터만 노려보고 있는 마케터나 1인 창업가라면, 이 책은 당신을 구원할 동아줄이 될 것이다.

예술가는 자신의 만족을 위해 쓰지만, '콘텐츠 설계자'는 타인의 문제를 해결하기 위해 쓴다. 그리고 시장은 후자에게 기꺼이 지갑을 연다. 이제 당신의 차례다. 혼자 방구석에서 고민만 하지 말고 이 책이 알려주는 대로 설계하고, 쓰고, 데이터를 확인하라. 한국에서도 글쓰기는 더 이상 가난한 예술이 아니다. 가장 강력하고 수익성 높은 비즈니스다.

글천개(신승철)

2부

전략 설계

'알고리즘의 가호'를 내 것으로 만드는 법

어떤 목표가 있든, 어떤 직업을 가졌든, 한 가지 공통된 성장의 길이 있다. 바로 인터넷에 글을 쓰는 일이다. 오늘날 글쓰기는 작가만의 전유물이 아니다. 누구나 자신의 관점과 이야기를 세상에 나누며 영향력을 만들 수 있다.

사람들은 저마다의 기대를 품고 콘텐츠 글쓰기(온라인 플랫폼에 글을 게시하고, 그 즉각적인 반응을 토대로 지속적으로 콘텐츠를 최적화하는 행위)를 시작한다. 프리랜서라면 잠재고객에게 전문성을 인정받고 싶을 것이다. 강연자라면 자신의 통찰을 더 널리 알리고 싶을 것이다. 기업가라면 업계를 선도하는 사상가로 자리잡고 싶을 것이다. 경영인이라면 회사의 비전과 미래관을 대중과 나누고 싶을 것이다. 투자자라면 유망한 창업자들을 끌어들이기 위해 노하우를 공유하고 싶을 것이다. 컨설턴트라면 자신의 가치를 효과적으로 증명하고 싶을 것이다.

글쓰기를 통해 통찰, 관점, 경험을 공유하면 직업적으로도, 개인적으로도 크게 성장할 수 있다. 네트워크가 넓어지고, 업계에서 영향력 있는 인물로 거듭날 수 있다. 이 책의 전략을 제대로 실천한다면 다음과 같은 변화가 찾아온다.

- 내 글이 수천에서 수백만 회의 조회수를 기록한다.
- 충성도 높은 독자, 구독자, 팔로워, 고객을 확보한다.
- SNS 지표와 언론 보도를 통해 전문성을 인정받는다.
- 영향력 있는 인물 및 업계 동료들과 교류한다.
- 중요한 행사, 전문 모임, 인기 팟캐스트에 연사로 초청된다.
- 유명 매체에서 원고 청탁을 받는다.
- 온라인에서 얻은 인지도와 신뢰를 도서 출간 계약, 컨설팅 의뢰, 투자 유치 등 더 큰 기회로 확장한다.

이런 결과가 가능하다고 자신 있게 말할 수 있는 건 내가 직접 경험했기 때문이다. 나뿐만이 아니다. 내가 운영하는 대필 업체 디지털프레스의 300명이 넘는 고객들과 내가 멘토링한 수백 명의 온라인 작가도 같은 경험을 했다.

그 여정은 분명 쉽지 않을 것이다. 하지만 단언컨대, 이 책과 함께라면 길을 잃고 헤매지는 않을 것이다.

콘텐츠 글쓰기
불변의 법칙

2007년은 SNS 붐이 막 일어나던 시기다. 페이스북은 세 살, 유튜브는 두 살이었고 트위터는 갓 태어나서 사람들의 디지털 라이프를 변화시키고 있었다. 나는 고등학교 3학년이었고, 〈월드 오브 워크래프트〉라는 게임의 북미 랭커였다.

매일 아침 등교 전에 달걀프라이 두 개를 얹은 토스트를 들고 내 방에 올라가 좋아하던 게임 블로거 밍의 최신 글을 읽었다. 밍은 저명한 게이머로서는 드물게 개인 블로그를 운영하던 사람이다. 여름방학이 시작할 때쯤이었나, 그가 새 플랫폼에 글을 올리기 시작했다. 인터넷 최초의 게이머 전용 소셜플랫폼 중 하나인 게임라이엇Gameriot이라는 웹사이트였다. 가족들이 뒷마당 수영장에서 놀며 방학을 즐기는 동안 나는 컴퓨터 책상 앞에 구부정하게 앉아 에어컨 바람을 맞으며 게임라이엇을 탐색했다.

중앙에는 페이스북이나 트위터처럼 끝없이 내려가는 피드가 있었고, 오른쪽 상단에는 '인기 글 TOP 10'이 떠 있었다. 1위는 예상대로 내 최애 블로거 밍의 최근 포스팅이었다. **그 순간 결심했다. 나도 경쟁력 있는 블로거가 되겠다고.**

그때껏 내가 개인 홈페이지를 만들지 않은 건 방법을 몰라서였다. 2000년대 중반에는 웹사이트 템플릿도, 원클릭 제작툴도 없었다. 모든 걸 직접 디자인하고 코딩하거나, 비용을 들여 전문가에게 맡겨야 했다. 하지만 이 신생 게이머 플랫폼에서는 그 모든 장벽이 사라졌다.

여기서는 사진과 소개문으로 간단히 프로필을 만들고, 다양한 카테고리에서 글을 쓰며 자유롭게 댓글과 답글을 달 수 있었다. 나에겐 이 웹사이트가 〈월드 오브 워크래프트〉와 다를 바 없는 게임처럼 느껴졌다. 그래서 망설임 없이 글을 쓰기 시작했다.

매일 밤 세계적인 게이머들과 전투를 치른 뒤 그날의 경기를 포스팅했다. 처음에는 팀 구성, 전략, 실전 팁 등 고급 플레이 정보를 제공하려고 했다. 하지만 곧 깨달았다. 메인 페이지를 장악하는 건 그런 글이 아니었다. 사람들이 열광하는 건 '드라마'였다.

어떤 팀이 서로 라이벌인지, 누가 패배 후 멘탈이 무너졌는지,

극적인 순간에 어떤 육성이 오갔는지(음성 대화 유출), 무엇보다 세계 최강의 플레이어들이 '게임 바깥에서' 어떤 사람인지. 독자들은 게임 실력 향상만이 아니라 재미도 원했다.

밍은 전략적으로 글을 썼다. 그의 모든 게시물은 유익한 정보와 논쟁적 요소가 적절히 섞여 있었다. 예를 들어 '로그 클래스'의 메커니즘을 설명하다가, 중국인 부모님이 결혼 문제에 지나치게 간섭해 첫 아레나 월드 챔피언십 출전에 방해가 된다고 하소연했다. 댓글창에는 그의 연애사를 궁금해하는 반응과, 결혼식보다 게임이 더 중요하냐며 조롱하는 반응이 뒤섞였다. 덕분에 밍의 글은 몇 주, 몇 달 동안 사이트 조회수 1위를 차지했다.

나도 밍의 방식으로 쓰기 시작했다. 부모님, 선생님, 심지어 친구들마저 축구나 농구 같은 '정통' 스포츠는 열렬히 응원하면서도 e스포츠는 우습게 여긴다고 썼다. 인터넷 시대가 열리면서 대학의 필요성을 점점 못 느끼게 된다고도 썼다. 파란만장했던 일주일에 관해 쓰기도 했다.

어느새 나는 게임라이엇에서 가장 인기 있는 작가 중 한 명이 되었다. **그러나 그때의 콘텐츠 글쓰기 경험을 제대로 이해하고 활용하기까지는 7년이 걸렸다.**

쿼라를 시작하다

최고의 온라인 작가를 향한 나의 여정은 컬럼비아칼리지 시카고 문예창작과를 졸업하면서 시작했다. 지역 광고 대행사에 말단 카피라이터로 입사한 나는 처음으로 '브랜드 구축'이라는 개념을 제대로 배우기 시작했다. 노출, 잠재고객, 고객 참여 같은 마케팅 용어들은 사실 10대 때 이미 직관적으로 경험했던 것들이다. 매일 1만 명이 내 블로그를 읽었다는 건 내가 '인플루언서'였다는 뜻이고, 수십만 조회수는 '브랜드 노출'이었다. 게시물마다 댓글이 수십 개씩 달린 것은 강력한 '참여도'의 지표였다.

하지만 대학 시절 운영한 블로그는 거의 주목받지 못했다. 조회수가 100회를 넘긴 적도 없었다. 구글의 블로그 플랫폼인 블로거 Blogger를 이용했는데, 커스텀 디자인은 가능해도 가장 중요한 소셜 기능이 없었다. 독자가 새로운 작가를 발견할 메커니즘이 없으니, 누가 내 글을 우연히 찾아올 가능성은 매우 낮았다. 달리 말하자면, '게임'이 없었다.

졸업 후, 작가로서 어떻게 성공할지 고민하던 나는 프로게이머이자 수십만 구독자를 보유한 유튜버 친구에게 연락했다. 그는 사람들의 관심을 끌고 유지하는 법에 일가견이 있었다.

"게이머와 블로거에게 유튜브가 있고, 피트니스 모델과 패셔니스타에게 인스타그램이 있다면 작가들은 어디에 글을 써야 할까?" 내가 물었다. 페이스북도, 트위터도 정답 같지 않았다.

"쿼라Quora를 한번 둘러봐." 처음 들어보는 사이트였다.

언뜻 보기에 쿼라는 사용자 참여형 문답 사이트인 야후 앤서스Yahoo Answers의 세련된 버전 같았다. 둘 다 누구나 질문하고 답변할 수 있지만, 야후 앤서스가 답변의 신뢰성을 보장하지 못했다면, 쿼라에서는 신뢰할 만하고 매력적이며 명쾌한 답변이 인기를 끌었다. 월간 사용자가 4억 명에 달하는 거대 플랫폼인 만큼 질문의 범위도 엄청났다. "살을 빼려면 어떻게 하나요?" 같은 일상적인 질문부터 "유죄 판결을 받은 살인범과 함께 법정에 서 있는 기분은 어떤가요?"까지.

나는 그날 오후부터 한 달 내내 쿼라의 답변들을 탐독했다. 질문은 끝없이 올라왔고, 답변 하나하나가 마치 흥미로운 단편소설 같았다. 바로 그 점이 나를 사로잡았다. 누군가가 "연쇄 창업가란 어떤 사람인가요?"라고 물었을 때, 가장 많은 호응을 받은 답변은 교과서적 정의가 아니었다. 그 답변은 이렇게 시작했다. "저는 스무살 때 첫 회사를 매각해 100만 달러를 벌었습니다." 나는 이야기가 어떻게 이어질지 궁금해 계속 읽을 수밖에 없었다. **쿼라의 질문들은 모두 창의적 글쓰기를 자극했다.**

적어도 내가 보기에는 그랬다. 조회수, 좋아요, 댓글을 독식한 답변의 핵심은 '스토리'였다. 가장 많은 팔로워를 가진 사람들은 유명인이 아니라 타고난 스토리텔러였다. "인생에서 무엇을 가장 후

회하나요?"라는 질문에는 너무 일찍 결혼한 것에 대한 애잔한 회고가 달렸다. "치킨과 머스터드를 같이 먹으면 왜 맛있을까요?"라는 질문에는《뉴요커》식의 분석적인 글이 돌아왔다. "기업을 성공시키려면 어떻게 해야 하나요?"라는 질문에는 투자자들이 생생한 실패담을 들려주었다. 나는 게임라이엇에서 처음 블로그를 시작할 때와 같은 직감이 들었다. '나도 할 수 있겠다. 이 게임은 싸워볼 만하겠는데.'

스물네 살의 나는 대중을 계몽할 만한 전문가도, 유명인도 아니었다. 하지만 쿼라에는 내가 겪어온 삶만으로 충분히 답할 수 있는 질문들이 있었다. 대학 시절 보디빌딩을 하며 좋은 습관의 힘을 배웠고, 20대 초반부터 5년 동안 알코올과 향정신성 약물을 완전히 끊으며 쓰디쓴 교훈을 얻었다. 10대 후반의 게이머 경험으로 e스포츠의 긍정적 영향을 잘 알고 있었다. 그리고 꽤 오랫동안 온라인에서 글을 써왔다. 이런 질문들에 답하려면 꼭 '전문가'가 될 필요가 없었다. 그저 내 이야기를 들려주면 되었다.

그래서 '1년 동안 매일 쿼라에 답변 하나를 올리기'를 목표로 삼았다. 10대 때 블로그에 쏟았던 열정을 살려 쿼라에 접근했다. 잘 안되면 1년 동안 글쓰기 실력을 쌓는 셈이고, 잘되면 독자를 모으고 커리어를 만들 수 있었다. 나는 답할 자격이 있다고 느낀 질문만 골랐다. 즉, 내 경험으로 증명할 수 있는 질문에만 답했다. 첫 번째로 선택한 질문은 이거였다. "《엘리트 데일리》는 신뢰할 만한 사이트인가요? 그 이유는 뭔가요?" 몇 년 전 그 사이트에 외부 기고자로 참여한 경험이 있었기 때문이다. 사람들은 경험자의 말에 귀를 기울이니까.

하지만 첫 답변의 조회수는 고작 37회였다. 대부분은 여기서 포기한다. 목표를 이루었을 때의 당당한 모습만 상상하다가, 막상 첫발을 내딛는 순간 좌절한다. 그러나 게이머들은 안다. 레벨 2에 가려면 레벨 1을 끝없이 플레이해야 하고, 레벨 3에 가려면 레벨 2를 또 수없이 반복해야 한다. 그렇게 한 판씩 나아가다 보면 결국 정상에 도달한다. 그게 게임에서 이기는 법이다.

나는 첫 답변의 초라한 성과에 멈추지 않고 계속 나아갔다. 다음으로 선택한 질문은 이랬다. "임원 비서직을 수락해야 할까요?" 그날 오전, 내가 일하는 광고 대행사의 제작 총괄이 외쳤다. "일이 너무 꼬였어. 누가 오늘 내 옆에서 좀 도와줄 수 있을까?" 사무실 사람들은 일제히 모니터만 바라봤지만 나는 망설임 없이 손을 들었다. "제가 하겠습니다."

모두가 짠한 표정으로 날 바라봤지만 내가 아무 생각 없이 자원한 건 아니었다. 제작 총괄은 내가 멘토로 삼고 싶을 만큼 똑똑한 사람이었다. 곁에서 지켜보면 배우는 게 많을 터였다. 이메일 대응이나 일정 조율 같은 잡무는 배움에 대한 작은 대가일 뿐이었다.

"좋아. 따라와. 새 고객을 유치하러 가자."

그는 나를 옆방으로 데려가 노트북을 건네며 말했다. "먼저 제이미에게 이메일부터 보내자." 그러더니 사무실을 돌아다니며 자신의 대학 동문이자 기업 임원에게 보낼 메시지를 불러주었고, 나는 그대로 받아 적었다. 수십 통의 이메일을 보낸 뒤 퇴근한 나는 역 근처 스타벅스에서 "임원 비서직을 수락해야 할까요?"라는 질문에 답을 썼다. 마치 일기를 쓰듯, 나는 추가 수당 없는 일일 비서직에 자원한 이유를 적었다.

> **핵심은 '그 임원을 멘토로 삼을 수 있느냐'입니다.**
>
> 그가 진짜 전문가라면 옆에서 일하는 것만으로도 일반적인 직무를 넘어선 역량을 배우게 될 것입니다. 특히 그 전문가가 중요한 고객들과 자주 만나는 사람이라면 더 그렇습니다.
>
> 임원 비서는 일반 직원이 알기 어려운 업계의 이모저모를 가까이서 볼 수 있습니다. 중요한 미팅에 동석할 기회도 생깁니다.
>
> 반대로 일이 단순한 전화 받기나 이메일 전달에 그친다면 시간과 노력을 투자할 가치가 없을 수도 있습니다. 진정한 가치는 그 관계가 멘토링으로 발전할 때 생깁니다. 성공한 사람과 가까이에서 일하면 직무 능력뿐 아니라 자신감, 비즈니스 통찰력, 전문성 같은 자질을 키울 수 있습니다.

이 답변은 1000회가 넘는 조회수를 기록했다. 그렇게 몇 달 동안 직장에서 그날그날 얻은 영감으로 쿼라에 글을 올렸다. 비록 내가 모든 질문에 적임자는 아니었지만, 비슷한 경험을 했거나 하게 될 사람들이 공감할 이야기에 집중했다. 답변마다 내가 겪은 상황, 대화, 느낀 점을 솔직하게 풀어냈다.

해당 주제의 전문가일 필요는 없었다. 그저 언제, 어디서, 어떻게 깨달음을 얻었는지 진심을 담아 말하면 됐다. 결과는 예상보다 컸다. 쿼라에서 글을 쓴 지 1년 만인 2014년 말, 누적 조회수는 300만 회를 넘어섰다. 나는 매일 출근해 멘토로 삼은 제작 총괄의 비서 역할을 하며 그의 노하우를 가까이서 배웠고, 퇴근 후에는 근처 스타벅스에서 쿼라에 글을 썼다. 그날 배운 것들을 게이머 또는 보디빌더로서 얻은 인생의 교훈과 엮어 풀어냈다.

답변이 쌓일수록 어떤 주제가 사람들의 마음을 움직이는지, 내 글의 어떤 부분이 주목을 받는지 파악할 수 있었다. 틈새 분야보다는 보편적인 삶의 진실을 건드릴 때 조회수가 폭발적으로 늘었다. 이는 10대 후반 게임 블로거 시절에도 경험한 사실이었다.

'작가 지망생' 탈출기

업무량이 늘어나며 야근이 잦아졌지만, 쿼라에서 내 글은 꾸준히 인기를 얻었다. 전업 작가가 되고 싶다는 마음이 얼마나 간절한지 스스로에게 물으며 고민하는 나날을 보냈다. 이런 일화가 늘 그렇듯,

정말 아무것도 쓰고 싶지 않은 하루였다. 퇴근 전, 억지로라도 하루 목표를 채우기 위해 쿼라에 접속해 빠르게 답할 질문을 찾아 스크롤했다. 그때 한 질문이 눈에 걸렸다. "자기도 몰라볼 만큼 자신을 변화시킬 수 있나요?" 10분 만에 세 단락짜리 답변을 작성했다. 첫 단락에는 비쩍 마르고 척추측만증과 오목가슴이 심했던 10대 후반의 내 사진과 82킬로그램의 근육질 몸을 지닌 25세의 내 사진을 나란히 올렸다.

다음 단락에는 10대 시절의 내가 어땠는지 적었다. 만성 소화 불량에 시달리고, 성적은 평균을 밑돌고, 친구도 몇 명 없고, 컴퓨터 게임 화면에 갇혀 살았다고. 외롭고 우울했고, 자주 죽고 싶었다고. 대학으로 떠나기만을 바랐다고. 마지막 단락에는 내가 어떻게 변했는지 썼다. 대학을 수석 졸업했고, 헬스장에서 몸짱들과 친구가 되어 보디빌더에 도전했다고. 명상을 시작했고, 광고 업계에 취직했다고. 한때 그토록 마르고 소심하고 외로웠던 아이는 이제 기억도 잘 안 난다고. 게시 버튼을 누르고 가방을 챙겨 전철역으로 향했다.

45분 뒤, 집에 돌아오자 룸메이트가 말했다. "야, 너 레딧 메인에 걸린 거 알아?" 그 세 단락짜리 글은 삽시간에 대형 온라인 커뮤니티 레딧에서 화제가 됐다. 쿼라 프로필을 새로고침할 때마다 팔로워가 수백 명씩 늘었고, 그날 자정 무렵 조회수는 30만 회를 넘었다. 주말이 되자 100만 회를 돌파했다.

그때 나는 곧장 개인 웹사이트를 만들었다. 주말 내내 제작에 몰두했다. 글을 올리고 싶어서가 아니라, 판매할 제품이 생겼기 때문이다.

쿼라 답변이 화제가 되자 메시지함은 같은 질문들로 가득 찼다. "어떻게 그런 몸을 만들었나요?" "운동 루틴이 어떻게 되나요?" "일주일에 몇 번이나 헬스장에 가나요?" "마른 몸에 근육을 붙이는 방법이 있나요?" 그래서 전자책 두 권을 서둘러 썼다. 하나는 내가 직접 검증한 운동 루틴에 대해, 다른 하나는 식단 관리 방법에 대해. 제목은 『멸치에서 몸짱으로Skinny to Shredded』. 화제가 된 전후 사진도 넣었다(참고로 레딧에서 벌어진 논쟁에 답하자면, 스테로이드는 단 한 번도 사용하지 않았다). 전자책 디자인도 직접 했다. 튜토리얼 영상을 보며 웹사이트에 온라인 스토어를 추가했고, 이윽고 월요일 아침, 개인 웹사이트와 함께 전자책 두 권을 출시했다. 나는 정식으로 '저자'가 된 것이다.

책이 한 권씩 팔릴 때마다 핸드폰이 진동했다. 월요일 오전, 회의실 테이블 아래로 핸드폰을 확인하니 새 알림이 줄줄이 쏟아지고 있었다. 레딧에서 화제가 된 쿼라 답변 아래 전자책 링크를 걸어둔 뒤였다. 그렇게 나는 작가이자 사업가로서 처음으로 2000달러를 벌었다. 물론 이 성공이 오래가지 않으리란 걸 알았기에 집착하지 않으려 했다. 내 다음 답변이 레딧 메인에 오를 가능성은 거의 없었다. 그래서 트래픽이 줄자마자 다시 루틴으로 돌아가 하루에 한 개씩 답변을 올렸다. 그때만큼의 대박은 없었지만, 꾸준한 습관 덕분에 계속 성장할 수 있었다.

몇 주 후, 내 쿼라 답변이 비즈니스 잡지 《Inc. 매거진》에 실렸다. 질문은 "어떻게 하면 더 열심히 일하지 않고 더 똑똑하게 일할 수 있을까요?"였다. 한 달 후 《허핑턴 포스트》, 곧이어 《타임》,《비즈니스 인사이더》,《포춘》,《포브스》에도 내 글이 실렸다.

6월부터 연말까지 내 답변은 매달 평균 50만 조회수를 기록했고, 매주 최소 한 개 이상 주류 매체에 노출됐다. 11월, 나는 쿼라의 올해 '최고의 작성자Top Writers' 중 한 명으로 선정되었다. 운영진은 내가 플랫폼 역사상 가장 빠르게 최고의 작성자가 된 유저라고 했다. 또한 "청소년들에게 게임을 금지해야 하는가?"에 대한 내 글이 그해의 쿼라 선집(베스트 답변 모음집)에 실릴 예정이었다.

2015년 말, 나는 쿼라에서 가장 많은 조회수를 기록한 작성자가 되었고, 그해 쿼라의 연말 뉴욕 콘퍼런스에 초대됐다. 문제는, 갈 형편이 안 됐다는 것이다. 졸업 2년 차 말단 카피라이터 월급은 최저임금을 조금 넘는 수준이었고, 뉴욕에 하루만 다녀와도 통장이 바닥날 상황이었다. 그때 내 상사이자 멘토가 나섰다. 그는 회사 블로그는 게시물당 조회수가 50회도 안 되는데 어떻게 쿼라에서 내 글의 누적 조회수가 500만 회를 넘었는지 궁금해했다. 그러면서 말했다. "뉴욕은 지상 최고의 도시야. 컨퍼런스에 참석해. 시간과 비용은 내가 지원할게. 네가 일궈낸 자리잖아."

몇 주 후, 나는 뉴욕의 어느 분위기 좋은 레스토랑에서 처음으로 내 필명을 말했다.

"니콜라스 콜입니다."

리셉션 직원이 곧바로 날 알아봤다. "오셨군요! 올해 쿼라에 큰 파란을 일으키신 분이죠."

명찰을 건네받은 뒤, 곧 쿼라의 글로벌 저자 협력 총괄이 날 맞이했다. "직접 뵙게 되어 반갑습니다." 그는 나에게 최고의 작성자 선정 소식을 전해준 사람이었다. "비공개 지표지만… 우리 사이트 역사상 최다 조회수 작성자세요." 2015년 당시, 쿼라의 유저는 2억 명이 넘었다.

그 뉴욕 콘퍼런스는 내 인생의 전환점이었다. 그곳에서 다른 최고의 작성자들을 만났다. 베스트셀러 『과감한 선택』의 저자 제임스 알투처, 엔젤 투자자 플랫폼 거스트의 CEO 데이비드 로즈도 있었다. 또 내 글들을 주요 매체로 연결해주던 쿼라의 콘텐츠 배급 담당자들도 만났다. 놀랍게도 유명 작성자 몇몇은 먼저 다가와 내 글의 팬이라고 밝혔다. 그렇게 온라인에서만 존재하던 동료들과 악수를 나누고 사진을 찍었다. 그날 밤 깨달았다. 나는 더 이상 작가 지망생이 아니었다. 이미 나는 작가였다.

그리고 이건 시작일 뿐이었다.

작가의 루틴을 완성하다

몇 달 뒤 어느 날이었다. 나는 사무실에서《Inc. 매거진》의 에디터와 통화하고 있었다. 뉴욕에서 쿼라 실무진을 만난 덕분에 정식 칼럼니스트가 될 기회를 얻은 것이다. 모두 퇴근한 사무실은 조용했고, 나는 창밖을 바라보며 수화기에 귀를 기울였다. 작가로서의 내 인생이 막 날개를 펴려는 순간이었다.

"정기 기고자는 한 달에 최소 네 편의 칼럼을 써야 합니다."

에디터의 말에 나는 들뜬 목소리로 대답했다. "한 달에 서른 편 써도 될까요?" 잠시 정적이 흘렀다.

"칼럼의 질을 보장할 수 있다면, 그렇게 하세요." 그는 내가 그만한 아웃풋을 유지할 수 없으리라고 생각했을 것이다.《Inc. 매거진》은 글의 수가 아니라 조회수에 따라 원고료를 지급했다. 내가 매달 30편씩 좋은 글을 써내면, 그들은 콘텐츠가 쌓이고, 나는 기회가 늘어나는 구조였다.

보통이라면 대부분 쿼라 글쓰기를 멈추고 유명 매체에만 집중했을 거다. 하지만 나는 다른 길을 선택했다. 쿼라에는 이미 수없이 많았고, 매달 평균 150만 조회수를 기록했으며, 매주 하나 이상의 답변이 유명 매체에 실리고 있었다. 그동안 쌓아 올린 공든 탑을 버리고 싶지 않았다. 나는 열정에 불타 글쓰기 루틴을 업그레이드했다. 매일 쿼라 답변 하나와《Inc. 매거진》칼럼 한 편을 쓰기로 한 것이다. 첫 달에 30편의 칼럼을 썼고, 조회수는 30만 회, 수익은 3000달러였다. 다음 달에도 30편, 조회수는 50만 회, 수익은 5000달러.

2016년 1월부터 6월까지 반년 동안 이 루틴을 유지했다. 매일 전철로 한 시간씩 출퇴근하며 카피라이터로 아홉 시간을 일하고, 체육관에 들러 한 시간 반쯤 운동하고, 집에 와서 닭고기와 아스파라거스를 곁들인 글루텐 프리 파스타를 만들어 먹고, 자정까지 내 첫 회고록 『10대 게이머의 고백Confessions of a Teenage Gamer』을 집필하면서 말이다.

그리고 그해 7월, 나는 직장을 그만두기로 했다. 《Inc. 매거진》에만 칼럼을 100편 이상 썼고, 조회수 상위 10위 칼럼니스트 안에 들었으며 매달 평균 30만 조회수를 기록했다. 나는 글쓰기만으로 생계를 유지할 수 있다는 사실을 증명했다. 직장을 그만두고 그 시간에 글을 쓴다면 프리랜서로 충분히 먹고살 수 있다는 확신이 들었다. 4년간 광고 대행사에서 마케팅, 광고, 카피라이팅을 두루 배웠고, 멘토에게서 창작 사업의 실전 노하우를 흡수했다.

이제 나는 인기 온라인 작가였다. 내 글은 매달 평균 조회수, 공유 수, 댓글 수에서 쟁쟁한 다른 작가들을 넘어섰다. 마침내 도약할 때가 되었다.

인생을 바꾼 새로운 목표

퇴사하던 날, 나는 첫 책을 자비출판했다. 마케팅 예산도, 출판사도, 홍보도 없었지만, 회고록『10대 게이머의 고백』은 24시간 만에 아마존 두 개 카테고리에서 2위에 올랐다. 직접 부담한 제작비 1000달러도 첫 주에 모두 회수했다. 하지만 진짜 게임은 프리랜서 작가가 되면서 시작됐다.

콘텐츠 글쓰기로 끌어올린 관심과 인지도를 안정적인 수입으로 전환해야 했다. 쓰는 데 4년이나 걸린 책이 고작 몇백 부 팔렸다는 사실은 날 겸허하게 했다(한 달 인세 82.76달러로는 살 수 없었다). 작가의 꿈을 포기한 건 아니었지만, 현실적으로 생각해야 했다. 식기세척기가 있고 고장 난 샤워기와 씨름하지 않아도 되는 집에서 살고 싶었다. 매달《Inc. 매거진》에 바이럴 칼럼을 쓰지 않으면 공과금도 못 내는 생활에서 벗어나고 싶었다. 내 글과 책에 투자할 시간적 여유도 필요했다. 그러려면 다른 길을 찾아야 했다. 더 수익성 있는 게임을 해야 했다.

그러다 우연히 경영인 대필의 세계를 발견했다. 쿼라에서 오랫동안 나를 팔로우해온 한 전직 CEO가 이메일을 보내왔다. 은퇴 후 경영서를 출간하고 싶은데, 먼저 온라인에서 독자층을 만드는 데 도움을 줄 수 있겠냐는 내용이었다. 조건은 명확했다. 글이 너무 학술적이거나 복잡하지 않을 것. 그가 내 글에서 가장 좋게 본 부분은 대화하듯 쓰는 문체였다. "바로 그 스타일을 원합니다."

고객 한 명이 두 명이 되었고, 두 명이 곧 네 명으로 늘었다. 2016년 말, 나는 열다섯 명의 창업자, 기업가, 투자자의 목소리를 대변하게 되면서 수입이 네 배로 뛰었다. 글쓰기만으로 10만 달러 이상을 벌게 된 것이다. 돈을 벌기 시작하자 더 큰 목표를 향한 열의가 솟았다.

어느 날 아침, 나는 곰팡이가 자라는 허름한 아파트에서 냉장고와 침대 사이 작은 테이블에 앉아 오트밀을 먹고 있었다. 임대 계약은 아직 몇 달이나 남아 있었다. 창밖의 나무를 바라보며 생각에 잠겼다. 내 삶은 불과 몇 달 만에 극적으로 바뀌었다. 0달러였던 작가 수입은 칼럼으로 월 3000달러가 되었고, 이제 경영인 대필로 월 2만 달러가 되었다. '대필'은 단순히 '대신 쓰기'가 아니었다. 고객들은 자신의 이야기와 통찰을 자신의 언어로 번역하여 명료하고 체계적으로 세상에 전달할 전문가를 원했다.

나는 확신했다. 이건 틈새시장이고, 분명히 사업이 될 수 있다고. 그래서 가까운 대학 동기 드류를 찾아갔다. 직장을 그만두고 나와 함께 사업을 하자고 설득하기 위해서였다.

"그들은 세상에 공유할 통찰은 많은데 글을 쓸 시간도 없고 요령도 없어."

드류는 내 말을 들으며 미간을 찌푸렸다. 내가 (과거에 여러 번 그랬듯이) 뜬구름 잡는 소리를 하는지, 진짜 괜찮은 기회를 발견했는지 판단하려는 표정이었다.

"그럼 칼럼 한 건에 얼마나 받아? 한… 50달러?"

그의 말에서, 대다수가 콘텐츠 글쓰기의 시장 가치를 전혀 모른다는 사실이 드러났다.

"500달러. 그 정도가 평균이고, 1000달러까지 받은 적도 있어."

"헐."

"진짜라니까."

드류는 조용히 머릿속 계산기를 두드렸다. 그는 내가 아는 사람 중 가장 사업가 기질이 강하고 숫자에도 밝은 친구였다. 부유층 고객에게 제트기 공동 소유권을 판매하던 영업자이자 디자이너였는데, 직장에서의 업무 스트레스 때문에 몇 달째 힘들어했다. 우리는 함께 진정한 사업체를 일궈낼 수 있었다.

"좋아, 해보자."

그날 밤 우리는 새벽 3시까지 전략을 짰고, 그렇게 '디지털 프레스digitalpress'가 탄생했다. 30일 만에 연간 반복 수입(구독 사업의 예상 연간 총수입)이 10만 달러를 넘어섰다. 10개월 뒤에는 100만 달러를 돌파했다. 18개월 뒤에는 20명의 정규직 직원을 두었고, 300명 이상의 기업가, 경영인, 투자자, 그래미 수상자, 프로 운동선수, 국제 연사들이 자신의 이야기를 전하도록 도왔다. 내가 쿼라에서 최고 조회수를 기록할 때 사용했던 그 비법으로 말이다.

그리고 이제, 나는 그 비법을 당신과 나누려 한다.

콘텐츠 글쓰기의 성공 패턴 익히기

01장

콘텐츠 글쓰기,
블로그부터 시작하지 말라

콘텐츠 글쓰기에 관해 내가 가장 먼저 말하고 싶은 건, 사람들이 흔히 첫발을 잘못 뗀다는 점이다.

대부분은 콘텐츠 글쓰기의 첫 단계가 블로그blog 개설이라고 생각한다. '블로그'라는 말만 들어도 자기만의 공간에 자기 스타일대로 생각을 풀어놓는 이미지가 떠오른다. 콘텐츠 글쓰기에 대한 대중의 인식은 아직도 1990년대에 머물러 있다. 하지만 블로깅, 개인 웹사이트 운영, 콘텐츠 글쓰기는 서로 다른 영역이다. 개인 웹사이트나 블로그 없이도 수백만 명이 읽는 글을 온라인에 쓸 수 있다는 말이다. 먼저 이 세 영역을 각각 정의해보자.

❶ 블로그

지난 30년간 블로그는 일종의 '공개 일기장'이었다. 사람들은 라이브저널LiveJournal이나 블로거Blogger 같은 사이트에 자신의 생각, 감상, 넋두리를 수시로 올렸다. 하지만 오늘날 블로그를 시작하는 건 '창업'에 가깝다.

블로그에 방문자를 끌어들이는 목적은 단 두 가지이며, 둘 다 돈을 벌기 위해서다. 첫째, 광고 수익을 얻기 위해서, 둘째, 이메일 주소를 수집해 제품이나 서비스를 판매하기 위해서다. 그래서 사람들이 '내' 사이트에서 '내' 콘텐츠를 읽는 것이 중요하다.

여기까지 읽으면 이렇게 생각하기 쉽다. '당연히 목표는 글쓰기로 돈을 버는 것이지.' 하지만 글쓰기로 돈을 버는 것과 광고·제품·서비스 판매로 수익을 창출하는 것은 전혀 다르다. 후자는 모두 전자상거래의 한 형태일 뿐이다.

다시 말해, '블로그'를 시작하는 것은 글쓰기로 돈을 버는 것이 아니다. 광고나 제품, 서비스를 팔아 돈을 버는 것이다.

❷ 웹사이트

개인 웹사이트를 운영하는 주된 목적은 간단하다. 내가 누구이고, 무슨 일을 하며, 어떤 결과물을 만들어왔는지 빠르게 보여주는 것이다. 한마디로 온라인 명함이다.

예를 들어 "니콜라스 콜이란 사람 알아? 정말 대단한 사람이더라"라는 말을 들었을 때, 궁금한 사람은 내 이름을 검색하고, 결과창 맨 위에 뜬 개인 웹사이트 링크를 클릭해서 답을 얻으려 할 것이다. '이 사람은 어떤 일을 하지? 어떤 작업물을 만들었지? 누구와 협업했지? 내가 관심 가질 만한 사람인가?'

좀 더 자세히 알고 싶다면 내가 쓴 글을 읽어볼 것이다. 내 웹사이트에 글이 없다면 다시 검색 결과로 돌아가 다른 링크를 클릭할 것이다. 쿼라, 미디엄Medium, 링크드인LinkedIn, 인스타그램, 아마존 저자 페이지 등을 살펴볼 수 있다. 사실 사람들은 누군가의 글 자체보다 그 글을 다른 사람들이 어떻게 느끼고 평가했는지를 더 궁금해한다.

따라서 광고 수익을 노리는 미디어 사업을 하거나 제품·서비스 판매에 전념하려는 게 아니라면 웹사이트 제작에 시간을 들일 이유가 없다. 게다가 솔직히 말하면, 제품 판매가 목적이라 해도 노출을 늘리고, 브랜드를 만들고, 개인 웹사이트로 트래픽을 끌어오는 더 효과적인 방법들이 있다.

❸ 콘텐츠 글쓰기

내가 생각하는 콘텐츠 글쓰기의 정의는 간단하다. **이미 독자층이 형성된 플랫폼에서 자신의 '생각, 이야기, 의견, 통찰'을 나누는 것이다.** 미국의 음식점 등 지역 정보를 안내하는 플랫폼으로 수백만 명이 이용하는 옐프Yelp에 재밌는 레스토랑 리뷰를 쓰는 것, 매달 수천만 조회수를 기록하는 웹진에 칼럼을 쓰는 것, 링크드인·트위터·페이스북에서 업계 통찰을 꾸준히 공유하는 것. 이 모두가 콘텐츠 글쓰기다.

나는 심지어 타인의 웹사이트나 블로그에 글을 쓰는 것도 콘텐츠 글쓰기라고 본다. 물론 그곳에 활발한 독자층이 있을 경우에만 말이다.

- 블로깅: 독자들이 찾아오길 바라며 내 공간에 글을 쓰는 것
- 콘텐츠 글쓰기: 독자층이 이미 존재하는 플랫폼에 글을 쓰는 것

내가 블로깅을 권하지 않는 이유는 단순하다. 블로그나 웹사이트를 시작한다는 건 아무도 찾지 않는 곳에서 출발한다는 뜻이기 때문이다.

그렇다면 어떻게 블로그 트래픽을 확보할까?

블로그 트래픽을 확보하는 방법은 다음과 같다.

- 광고로 다른 웹사이트 방문자를 내 블로그로 유도하기
- 검색엔진 최적화SEO로 특정 키워드 검색 시 상단에 노출시키기
- SNS에서 팔로워를 모아 링크로 유입시키기

하지만 이 세 가지는 '내 생각과 통찰을 널리 알리는 글쓰기'와는 거리가 멀다. 광고, SEO, SNS 마케팅은 글쓰기 실력이나 독자의 자발적인 관심을 끌어내는 능력과는 다른 영역이다.

대부분의 온라인 작가는 광고 예산이 없다(나도 그랬다). 설사 있더라도 제품·서비스 판매처럼 확실히 수익이 보장되는 곳에 쓰고 싶어 한다. 또 블로그 방문자 좀 늘리겠다고 SNS 팔로워 모으기에 시간을 쏟고 싶어 하지도 않는다. 검색 순위를 위해 인기 키워드를 글에 억지로 끼워 넣는 건 더더욱 원하지 않는다.

온라인 작가와 업계 리더들이 진짜 원하는 것은, 제대로 된 플랫폼에서 제대로 된 방식으로 자신의 지식과 이야기를 나누는 것이다. 그들이 원하는 건 플랫폼 운영이 아니라 '글쓰기' 자체다.

블로그는 언제 시작해야 좋을까?

블로그가 현명한 선택이 되는 경우는 두 가지다.

첫째, 제품이나 서비스를 판매하며 '수익 창출'이 최우선 목표인 경우. 신뢰를 얻기 위해서도, 노출을 얻기 위해서도, 구독자를 늘리기 위해서도 아니다. 업계 인지도나 SNS 영향력을 키우기 위해서도 아니다. 오직 '매출과 직접 연결될 때' 블로그는 의미가 있다. 좋은 예가 허브스팟Hubspot이다. 이 회사의 블로그는 디지털 마케터를 위한 업계 전문지에 가깝다. 양질의 콘텐츠를 대량으로 게시해, 구글 검색으로 유입된 사람들이 자사 소프트웨어 제품을 구매하도록 유도한다. 이를 위해 허브스팟은 수백 명의 온라인 작가를 고용해 콘텐츠 마케팅 시스템을 운영한다.

즉, 허브스팟처럼 제품을 팔면서 업계 미디어 역할까지 해낼 역량이 있을 때만 블로그는 효과적이다. 이런 블로그는 업계의 전문 매체 수준이어야 한다. 키워드 검색, 콘텐츠 소비, 구매 전환의 흐름이 성립되는 것이야말로 이런 블로그의 존재 이유다.

둘째, 1인 사업가·마케터·피트니스 강사 등이 글쓰기를 '마케팅 도구'로 사용하려는 경우. 이들은 개인적인 통찰이나 관점보다는 판매하려는 상품에 초점을 맞춘다. 물론 성공한 여행·건강·피트니스 블로거가 개인적인 이야기를 많이 나누기도 하지만, 콘텐츠의 핵심 목적은 '판매와 직결되는' 정보를 제공하는 것이다.

내가 본 최고의 사례 중 하나는 작가 데이브 체슨이 운영하는 킨들프리너Kindlepreneur다. 이 사이트는 자비출판을 원하는 작가들에게 가장 효과적인 해결책을 제공한다. 잠재고객은 유익한 무료 컨텐츠로 유입되고, 더 고급 정보를 원하면 이메일을 남기며, 결국 제품을 구매하게 된다. 나 역시 그랬다.

그런데 여기서 주목할 점이 있다. 이 사례를 떠올릴 때 내 머릿속에는 '데이브 체슨'이라는 사람은 떠오르지 않고 '킨들프리너'라는 사이트 이름만 떠올랐다. 실제로 킨들프리너에 접속하면 가장 먼저 보이는 문구는 이렇다. "책을 더 많이 팔고 싶으세요?" 즉, 이 사이트는 개인적인 생각이나 통찰을 확장하는 공간이 아니라, '자비출판'이라는 특정 주제로 브랜드를 만들고 관련 정보를 총망라하는 데 초점을 맞춘 플랫폼이다.

정리하자면, 회사 차원에서 웹사이트를 업계 전문 매체로 키울 여력이 있다면 블로그를 시작하라. 1인 사업가로서 특정 분야의 정보를 모아 그 분야를 '장악'하고 싶다면 블로그를 시작하라. 하지만 이 두 경우가 아니라면, 블로그는 최선의 선택이 아니다.

성공적인 '블로거'가 되는 세 번째 방법도 있다. 하지만 이는 아주 예외적인 경우이며, 10년 전이면 모를까 지금은 추천하지 않는다. 대표적인 사례가 마크 맨슨이다. 그는 2017년 이후 전 세계를 강타한 책, 『신경 *끄기의 기술*』의 저자다.

그는 10년도 더 전에 개인 웹사이트에 글을 올리기 시작했다.

맨슨은 자기계발에 대한 자신의 통찰을 차근차근, 꾸준히 올리며 독자층을 만들었다. 그의 소개 페이지에는 이렇게 적혀 있다. "내 글은 기본적으로 나 자신을 위한 것이다." 이는 가장 순수한 형태의 블로깅이다.

그가 진정한 콘텐츠 글쓰기로 도약한 순간은 따로 있다. 맨슨은 블로그에서 가장 반응이 좋았던 글을 확장해 『신경 끄기의 기술』을 썼다. '수백만 명이 이 글을 좋아했다면 더 긴 버전도 좋아하지 않을까'라는 생각에서였다. 이 전략은 적중했고, 책은 600만 부 넘게 팔리며《뉴욕 타임스》베스트셀러 1위에 올랐다.

내가 이 방식을 지금은 추천하지 않는 이유는 간단하다. 맨슨이 웹사이트에 글을 올리기 시작했을 때는 미디엄이나 쿼라 같은 플랫폼이 없었고, 링크드인에서는 긴 글을 쓸 수 없었다. 블로거도 소셜 기능이 부족했다. 페이스북과 트위터는 초창기였으며 유튜브는 이제 막 '브이로거' 스타가 등장하던 시기였다. '인플루언서'라는 단어조차 없었다.

지난 10년 사이, 작가가 이름을 알리고 독자층을 넓히며 신뢰를 쌓는 과정을 훨씬 빠르게 해주는 플랫폼과 도구들이 등장했다. 즉, 10년 전 블로그나 개인 웹사이트로 겨우 만들 수 있던 성과를 지금은 100분의 1의 시간으로 만들 수 있는 시대가 된 것이다.

왜 나는 전자책만 팔고,
블로깅은 하지 않았을까?

2015년 쿼라에 올린 글이 큰 화제가 되면서 나는 개인 웹사이트를 만들어 전자책 두 권을 자비출판했다. 판매할 제품이 생긴 것이다. 하지만 나는 쿼라를 떠나 개인 웹사이트에서 블로깅을 하지 않았다. 그 이유는 간단하다. 나는 피트니스 전문 매체를 운영하고 싶지 않았기 때문이다. 당시 내 목표는 장기적인 브랜드 구축도, 피트니스 전자책·프로그램·강좌 판매도 아니었다. 오직 『멸치에서 몸짱으로』 시리즈 판매 촉진이었다. 만약 장기 사업이 목표였다면 킨들 프리너처럼 '멸치에서몸짱되기.com' 같은 사이트를 만들고, 사람들이 검색할 만한 키워드를 넣어 피트니스 콘텐츠를 꾸준히 올렸을 것이다.

결국 '글을 써서 무엇을 이루고 싶은가?'가 관건이다. 회사를 만들고 브랜드를 키워서 광고·제품·서비스로 수익을 내고 싶다면 웹사이트와 블로그는 좋은 선택이다. **하지만 글쓰기를 즐기고, 자신의 이야기·생각·통찰을 널리 나누며 전문성을 쌓고 싶다면 블로그를 시작하지 말라.**

'콘텐츠 글쓰기'가 당신에게 딱 맞는 길이다.

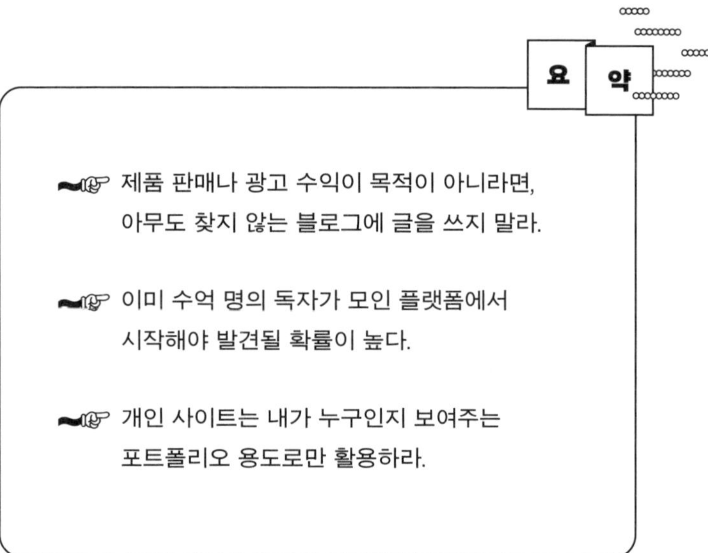

☞ 제품 판매나 광고 수익이 목적이 아니라면,
아무도 찾지 않는 블로그에 글을 쓰지 말라.

☞ 이미 수억 명의 독자가 모인 플랫폼에서
시작해야 발견될 확률이 높다.

☞ 개인 사이트는 내가 누구인지 보여주는
포트폴리오 용도로만 활용하라.

콘텐츠의 홍수에서
내 것을 드러내는 법

데이터. 데이터야말로 내 글의 어떤 부분이 효과적이고 그렇지 않은지 가장 정확히 보여주는 지표다.

작가들이 항상 즉각적인 피드백을 받을 수 있었던 건 아니다. 20세기 후반만 해도 작가들은 허름한 술집이나 식당에서 책 일부를 낭독하며 누군가 피드백을 주길 기다려야 했다. 1970~1980년대 칼럼니스트들은 사정이 좀 나았다. 다음 주나 다음 달에는 독자 반응을 알 수 있었으니까. 하지만 피드백 주기가 '초 단위'로 줄어든 건 21세기에 들어서면서다.

오늘날 글 쓰는 사람은 두 부류다. 데이터를 활용해 글을 발전시키는 사람과 그러지 못하는 사람.

예전의 나는 작가가 되려면 정해진 길을 따라야 한다고 믿었다. 몇 년간 공들여 원고를 완성하고, 출판사를 통해 세상에 내놓아야만 작가가 되는 줄 알았다. 하지만 대학 졸업을 앞두고 의문이 들었다. 4학년 마지막 학기, 한 교수님이 '책을 출판하는 법'을 알려주겠다고 했다. 우리는 모두 노트를 꺼내 들고 직업 작가가 되는 비법을 기다렸다.

"먼저 원고를 출력하세요." 나는 받아적었다.

"다음으로, 여러분의 작품과 비슷한 책을 낸 출판사의 연락처를 찾으세요." 그것도 받아적었다.

"마지막으로, 원고를 서류봉투에 넣어 출판사로 보내고 답장을 기다리세요."

나는 손을 들고 물었다. "얼마나 기다려야 합니까?"

"답이 올 때까지요."

"대략 얼마나요?"

교수님은 잠시 침묵한 뒤 말했다. "6개월 정도 걸리기도 합니다." 자기 때도 그랬으니 불평하지 말라는 듯한 말투였다.

나는 되물었다. "그때까지 그저 기다려야 하나요?"

교수님은 "그게 이 바닥의 순리"라고 일축하고 수업을 이어갔다.

졸업 후 내가 조사한 전략도 대부분 비슷했다. 원고를 완성한 뒤, 가능한 한 모든 매체에 홍보하라는 조언뿐이었다. 출간을 앞두고 독자를 찾으라는 이야기였다. 돈도, 시간도 엄청 들었다. 나는 생각했다. 앞뒤가 바뀐 거 아닌가? 책을 낼 때가 아니라 내기 전부터 독자를 모아야 하지 않나? 사람들이 무엇을 좋아하는지 확인한 뒤, 그들이 진짜 원하는 걸 제공하는 게 더 합리적이지 않나? 그래서 나는 그렇게 했다.

글쓰기를 '데이터 수집 도구'로 활용하라

내가 작가, 프리랜서, 업계 리더, 기업가에게 공통으로 하는 조언은 바로 고정관념을 깨라는 것이다. 대부분은 자기가 무엇을 써야 하는지 안다고 생각한다. 자신의 독자가 누구인지, 어떤 이야기가 가장 큰 공감을 얻을지 안다고 생각한다. 하지만 현실은 그렇지 않다. 신뢰할 만한 데이터가 없다면 추측과 가설일 뿐이다. 그리고 이어서 이런 실수를 저지른다. 큰 출판사에 기획안을 넘기거나 '인플루언서로 키워주겠다'는 홍보대행사를 고용한 뒤 이렇게 생각하는 것이다. '이제 내 웹사이트가 필요해. 블로그를 시작해야겠어.'

그래서 나는 작가 지망생이든 상장 기업 CEO든 모두에게 이렇게 조언한다. 책을 쓰기 전에, 상품을 출시하기 전에, 퍼스널 브랜딩을 하기 전에 반드시 공개 플랫폼에서 글을 써보라고. 왜일까?

- **위험을 최소화할 수 있다:** 사람들의 반응을 빠르게, 무료로 파악할 수 있다.
- **자신의 목소리를 찾을 수 있다:** 데이터를 보기 시작하면 글 쓰는 방식이 단기간에 달라진다.
- **첫날부터 독자를 확보할 수 있다:** 큰 프로젝트가 완성될 때까지 기다릴 필요 없이 처음부터 자신을 알릴 수 있다.
- **독자들이 진정 원하는 바를 알 수 있다:** 마크 맨슨이 좋은 예다. 블로그 데이터를 바탕으로 제목, 구성, 콘셉트를 정해 『신경 *끄기*의 기술』을 출간했다.

쿼라에서 글을 쓰기 시작하자마자 나는 온라인에서 얼마나 빠르게 배우고 성장할 수 있는지 실감했다. 글을 올릴 때마다 댓글("멋진 통찰력임. 완전 공감!" 또는 "개소리. 나가 죽어라")은 물론 높은 조회수, 좋아요, 공유 등의 즉각적인 피드백으로 데이터가 쌓였다.

나는 자연스럽게 그 데이터를 다음 글에 반영하게 됐다. 조회수가 높은 주제는 더 깊이 파고들었고, 댓글이 몰린 글은 다른 각도로 다시 썼다. 인기 글을 분석해 제목과 구성을 바꾸기도 했다. 어느 순간부터는 반응을 추측할 필요도 없었다. 독자들이 직접 답을 알려줬기 때문이다. **이것이 바로 '글쓰기 데이터 선순환 구조'다.**

'데이터 선순환'은 영감의 물레방아처럼 작동한다. 피드백을 받기 시작하면 작가로서 성장 속도가 폭발적으로 빨라진다. 데이터가 쌓일수록 독자의 니즈를 정확히 파악하게 되고, 더 공감 가는 글을 써서 더 많은 독자를 얻을 수 있다.

- **좋아요** = "잘 썼네요. 좋은 글이에요."
- **공유** = "더 많은 사람이 봐야 해요. 내가 하고 싶던 말이에요."
- **댓글** = "생각을 자극하네요. 내 의견은 이러이러합니다."
- **조회** = "흥미로워요. 읽어 볼 만하네요."

그렇다면 작가 지망생들은 왜 아직도 옛 방식을 고집할까? 바로 '두려움' 때문이다. 온라인에서 글을 쓰고 즉각 피드백을 받는 것은 용기가 필요하다. 대중 앞에서 말하기가 두려운 것과 같은 이치다. 하지만 즉각적인 피드백이야말로 성장의 지름길이다. 데이터가 더 빨리 쌓일수록 더 빨리 발전할 수 있다. 반대로 피드백을 미루면 '무엇이 잘 통하는지' 알아내는 데 훨씬 더 오래 걸린다.

가장 중요한 것은 '공개적으로 하기'다

세계적인 뮤지션들에게는 공통점이 있다. 저스틴 비버는 10대 초반부터 길거리에서 기타를 치며 노래했다. 에드 시런은 음반 계약 전까지 수년간 지하철에서 공연했다. 비틀즈는 독일 함부르크의 스트립 클럽에서 매일 공연하며 명성을 얻었다. 테일러 스위프트는 내슈빌의 쇼핑몰과 행사장을 전전하며 노래했다. 전설의 래퍼 에미넴, 투팍, 노토리어스 B.I.G.도 처음에는 동네 길거리와 파티에서 공연했다. 비슷한 사례는 끝도 없다. 공개적으로 무언가를 하면 자연스럽게 데이터를 모을 수 있다.

나는 '공개적으로 하기'가 일상인 집에서 자랐다. 집 안은 늘 음악 소리가 가득했고, 우리 네 남매는 악기 하나씩은 꼭 배워야 했다. 내가 피아노 음을 틀릴 때마다 엄마가 집 어딘가에서 외쳤다. "도샵이지! 레샵이 아니라!" 나는 건반을 내려다보며 궁얼거렸다. "알거든요."

항상 듣는 귀가 있다는 건 스트레스이기도 했지만, 그 덕분에 실력이 빠르게 늘었다. 초등학생 때는 베토벤·모차르트·바흐를, 중학생 때는 하이든과 리스트 곡을 쳤다. 고등학생 때는 소나타 전곡을 눈감고도 칠 수 있었다. 누가 듣고 있으니 대충 칠 수 없었다. 10대 후반에 게임 블로깅을 시작했을 때도 마찬가지였다. 'They're'를 써야 할 자리에 죄다 'their'라고 썼더니 다음날 이런 댓글이 달렸다. "문법이 엉망이네. 학교도 안 다녔나? their와 they're도 구분

못 하다니. 나가 죽어라.”

게임 세계에서는 흔한 모욕이라 크게 상처받진 않았지만, 누군가가 내 실수를 정확히 짚어내고 조롱하니 자신감이 꺾이긴 했다. 하지만 그 때문에 글쓰기를 포기하는 건 더 한심하게 느껴졌다. 그 가혹한 피드백 덕분에 나는 같은 실수를 반복하지 않고 문법을 더 신경 쓰게 되었다.

'공개적으로 하기'가 지망생과 프로를 가른다

많은 사람이 자기 작업을 숨긴 채, 세상에 공개할 완벽한 순간을 기다린다. 그때가 오면 모두가 알아볼 거라고 믿으면서.

반면 어떤 사람은 기다리지 않고 그저 시작한다. 길거리에서 공연하고, 사람들의 반응을 살피며 계속 시도한다. 적절한 무대나 조명이 없어도 괜찮다. 그런 환경에서 공개된 경험이 쌓였기에, 어디서든 당당하게 자신의 목소리를 들려줄 수 있다. 공개하지 않는 사람들은 안전한 길만 찾는다.

평판도 얻기 전에 출판 계약부터 따내 '프로 작가'로 인정받고 싶어 하고, 무대에 오르기도 전에 언론이 먼저 '우리가 기다려온 바로 그 사람'이라고 말해주길 바란다. 자신의 가치를 스스로 확신하지 못하면서 세상이 먼저 인정해주길 바란다. 이 두려움을 이기려면 직접 부딪혀보는 수밖에 없다. 두려움 속으로 뛰어든 사람만이 결국 귀 기울일 가치가 있는 사람이 된다.

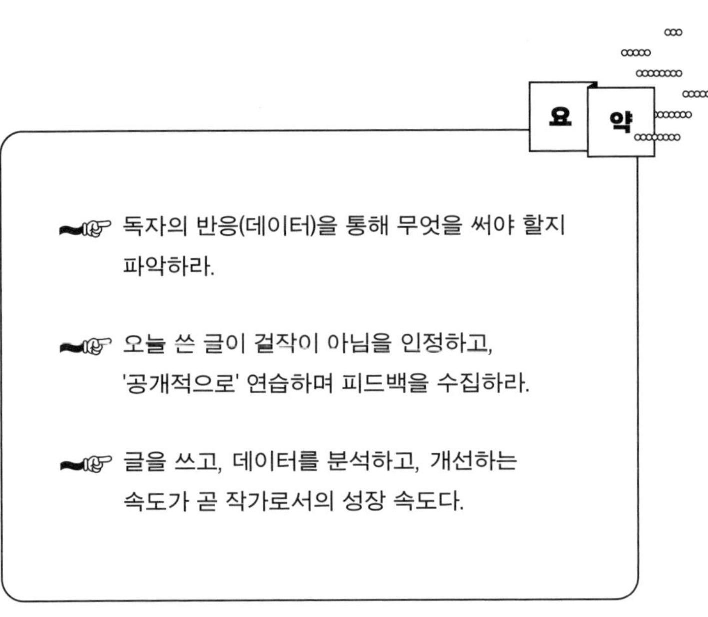

콘텐츠 글쓰기의
7단계 성공 전략

콘텐츠 글쓰기는 한마디로 경쟁이다. 예술이라 할 수도, 기술이라 할 수도 있지만, 결국 독자의 선택을 받아야 하기 때문이다. 어떤 글은 읽히고, 어떤 글은 무시된다. 어떤 작가는 이기고, 어떤 작가는 진다. 게다가 경쟁 상대는 다른 작가만이 아니다. 팟캐스터, 유튜버, 사진가 등 다양한 창작자가 대중의 관심을 두고 싸운다. 바이럴 밈도 마찬가지다.

안타깝게도 대부분의 사람들은 성공을 이분법으로 판단한다. 글을 올리면 성공, 안 올리면 실패. 여러 사람이 읽으면 '좋은' 글, 아무도 안 읽으면 '나쁜' 글. 이런 식이다. 그래서 노출을 늘리고 독자를 모으기 위해 더 멋진 웹사이트, 더 많은 광고비, 더 많은 홍보에 돈을 쏟아붓는다. 하지만 콘텐츠 글쓰기에서 실패하는 이유는 그런 겉치레와 아무 상관 없다. 문제는 글쓰기 자체다. 게임의 룰을 이해해야 이길 수 있다.

레벨 1: 의식적으로 하기

나는 모든 인터넷 사용자가 일종의 '게임'을 하고 있다고 본다. 규칙은 단순하다. 페이스북에 가족사진을 올리든, 인스타그램에 풀파티 영상을 올리든, 링크드인에 기사를 공유하든, 자신의 일부를 세상에 내보이는 것이다. 더 많이 보여줄수록 사람들이 나를 더 잘 알고, 대화할 기회가 늘어나며, 온라인 정체성도 더 선명해진다.

어떤 이들은 자신이 게임 중이라는 사실을 부정한다. "난 그냥 일상을 기록할 뿐이야." 하지만 할머니와 찍은 사진을 올리는 것과 라임색 람보르기니와 찍은 사진을 올리는 것은 본질적으로 같다. 둘 다 디지털로 자신을 표현하는 행위다. 차이가 있다면 한 사람은 의식적으로, 다른 사람은 무의식적으로 하고 있을 뿐이다.

모든 사람이 SNS 인플루언서가 되어야 한다는 말이 아니다. 다만, 우리 모두 이미 게임 속에 있다는 사실을 인지해야 한다는 것이다. 그래서 레벨 1의 질문은 이것이다. '나는 목적을 갖고 의식적으로 플레이하는가, 아니면 아무 생각 없이 하고 있는가?'

성공하는 작가는 '콘텐츠 글쓰기'라는 게임을 의식적으로 한다. 실패하는 작가는 무의식적으로 하고서는 왜 주목받지 않는지 의아해한다.

프로가 될 생각 없이 순수하게 취미로 글을 쓰고 싶다면 그냥 자유롭게 써라. 블로그든 SNS든 글을 올려라. 결국 인생의 목적은 승리가 아니라 즐기고, 배우고, 표현하는 것이니까. 하지만 그 선택을 했다면 결과에 불평해서는 안 된다. 당신의 글에 박수 치는 사람이 두 명뿐이라도 어쩔 수 없다. 당신은 무의식적인 플레이를 선택했고, 그 결과는 감수해야 한다.

하지만 오늘보다 더 나은 내일을 그리는 것이 목표라면 게임을 의식적으로 해야 한다. 이 게임이 어떻게 돌아가는지, 경쟁자가 누구인지, 그들이 어떻게 사람들의 관심을 사로잡고 유지하는지 알아야 한다. 그렇다고 자극적인 글로 조회수를 노리라는 말이 아니다. 단지 데이터를 보며 의도적으로 글을 쓸 때, 당신은 10배는 더 빠르게 자신의 목소리를 찾아 키울 수 있다.

레벨 2: 카테고리 선택하기

대부분의 사람들은 자기 글이 실제로 어느 카테고리에서 경쟁하는지 잘 모른다. 예를 들어 요가 수업에서 겪은 재밌는 일화를 썼다면, 그 글은 '요가'보다 '유머' 카테고리에 더 어울릴 수 있다. 기술 관련 글도 마찬가지다. 사용법을 다루면 '튜토리얼', 업계에 미칠 영향을 다룬다면 '기술 뉴스'에 속할 것이다.

콘텐츠 글쓰기의 핵심은 내 글이 어떤 카테고리에서 경쟁하는지 정확히 아는 것이다. 자기 분야를 모르면 자신의 경쟁력도 판단할 수 없다. 카테고리를 이해해야 그 안의 '사다리'를 발견해서 한 계단씩 올라갈 수 있다. **물론 기존 카테고리 밖에서 새로운 분야를 개척하는 전략도 있다. 하지만 그 전에 먼저 이 게임의 기본 규칙을 이해해야 한다.**

그렇다면 카테고리란 무엇일까? 온라인 서점에 접속했다고 생각해보자. 법정 스릴러 소설을 읽고 싶다면 문학 → 스릴러 → 법정 스릴러로 이동할 것이다. 직장에서의 습관을 다룬 책을 찾는다면 비문학 → 자기계발 → 생산성으로 이동할 것이다.

사람들은 카테고리를 고르면서 생각한다. '이 분야에서 믿고 보는 작가는 누구지?' 법정 스릴러라면 자연스럽게 존 그리샴이 떠오른다. 만약 그가 취향이 아니거나 장르를 처음 접한다면 존 그리샴과 데이비드 발다치, 스콧 터로를 비교할 것이다.

우리 뇌는 정보를 카테고리별로 정리한다. 내 글의 카테고리를 정확히 알면 독자들의 머릿속 어디에 자리 잡을지도 알 수 있다.

우리는 카테고리를 기준으로 무엇을 살지, 최소한 무엇에 관심을 둘지 결정한다. 인터넷에서도 똑같다. 대부분의 플랫폼은 콘텐츠를 라이프스타일, 뉴스, IT, 음식, 스포츠, 정치, 경제 등 분야별로 정리한다. 일반 웹사이트나 블로그는 운영자가 직접 분류하지만, SNS에서는 알고리즘이 알아서 개인의 취향을 파악하고, 그에 맞는 콘텐츠를 추천한다.

그래서 콘텐츠 글쓰기는 전략 게임이다. 각 카테고리는 고유한 규칙을 가진 게임판이다. 한 분야에서는 먹혔던 방식이 다른 분야에서는 전혀 통하지 않을 수 있다. 어떤 카테고리에서는 '혁신적'이라는 평가를 받는 글이 다른 카테고리에서는 고리타분하게 여겨질 수도 있다. 결국, 자신이 선택한 카테고리를 유심히 관찰하고 연구해야 한다. 그 안의 생태와 뉘앙스를 이해하고 그 카테고리를 장악한 대표 작가들을 파악해야 한다. 그래야 같은 게임판에서 경쟁할 수 있다.

레벨 3: 내 '스타일' 정하기

모든 글은 하나의 스펙트럼 위에 존재한다. 다음과 같이 표현할 수 있다.

교육 ■■■■■■■■■■■■■■■■■■■■■■ 오락

    왼쪽에는 교과서, 뉴스, 교양서처럼 지식을 전달하고 설명하는 글이 있다. 오른쪽에는 에세이, 소설처럼 독자를 사로잡고 즐겁게 하는 글이 있다. 콘텐츠 글쓰기 게임을 의식적으로 시작하려면 먼저 방향을 정해야 한다. '나는 픽션 작가인가 논픽션 작가인가? 내 미션은 알게 하는 것인가, 즐겁게 하는 것인가?'

    교과서 저자, 역사가, 저널리스트는 스펙트럼의 왼쪽에, SF 소설가, 대중문화 블로거, 시트콤 작가는 오른쪽에 있다. 물론 두 영역을 넘나드는 작가도 있다. 누군가는 오락보다 교육에, 누군가는 교육보다 오락에 치중한다.

    사실 독창적인 스타일을 만드는 건 어렵지 않다. 이 스펙트럼 안에서 사람들이 예상치 못한 지점을 선택하면 된다. 어떤 카테고리든 기본 스타일에서 벗어날수록 눈길을 끌 가능성이 커진다. 반대로 그 분야에서 흔한 톤과 형식을 반복하면 다른 목소리들 속에 쉽게 묻힌다.

왜 특정 업계에서 하는 말은 모두 비슷하게 들릴까? 메시지가 너무 뻔하기 때문이다. 그러다 한 신생 브랜드가 뜻밖의 한 문장을 던지면 단번에 시선이 쏠린다.

색다른 글쓰기 스타일을 만드는 핵심은, 내가 선택한 카테고리 내에서 '의외성'을 보여주는 것이다.

예를 들어 '맛집 리뷰' 카테고리에서 모두가 점잖은 수기처럼 리뷰를 쓴다고 하자. 그렇다면 이렇게 비틀 수 있다. 망해가는 잡지사 인턴이자 음식 블로거라는 설정으로, 미식가인 척하지만 실제로는 '맛알못'이고, 식당을 방문할 때마다 번번이 '만취 엔딩'을 맞는다는 식의 코믹한 글을 쓰는 것이다.

이런 글은 진지한 리뷰 사이에서 눈에 확 띄고 색다르게 다가올 것이다. 전략이 통했다는 신호는 명확하다. 해당 카테고리에서 사람들이 내 글을 두고 갑론을박하는 것이다. 누군가는 '신선하다'며 반길 것이고, 누군가는 '물을 흐린다'며 불평할 것이다. 환영과 반발이 동시에 나온다면, 스타일이 작동하고 있다는 뜻이다.

처음에는 내 글이 어떤 평가를 받을지 감도 못 잡을 수 있다. 그러니 머릿속으로만 고민하지 말고, 공개적으로 써보라. 내가 속한 카테고리의 '사다리'를 한 단씩 밟아보면 어떤 부분이 먹히고 어떤 패턴이 외면받는지 데이터가 직접 알려준다. 피드백에 귀 기울일수록 나만의 목소리는 자연스럽게 선명해지고 깊어진다. 그리고 그 목소리는 애초에 내가 예상했던 것과 완전히 다를 수도 있다. 오히려 좋은 일이다.

레벨 4: 속도 최적화하기

'좋은' 글이 무엇인지는 온종일 논할 수 있지만(어차피 기준은 주관적이니까 이를 따지는 건 비효율적이다), 단 하나 분명한 사실이 있다. 인터넷은 '좋은' 것보다 '빠른' 것을 선호한다.

사람들은 온라인에서 글을 '읽지' 않는다. 그저 훑고, 스크롤하고, 지나갈 뿐이다. 첫 2초, 길어야 5~10초 안에 눈을 붙잡는 단어나 문장이 있어야 본격적으로 읽기 시작한다. 글의 속도가 조금이라도 늘어지면 독자는 바로 이탈한다. 다시 SNS로 돌아가 밈을 소비한다.

교수님이 늘 하던 말이 있다. "독자가 첫 몇 페이지를 참고 읽어야 빠져들 수 있는 이야기라면 그 몇 페이지는 애초에 필요 없다."

나는 쿼라에 글을 쓸 때마다 그 조언을 떠올렸다. 배경을 장황하게 늘어놓지 않고 곧바로 본론으로 들어갔다. 이것이 곧 내 스타일이 되었다. 배경 설명은 두세 문장으로 끝내고, 바로 요점으로 이동하고, 또 그다음 요점으로 넘어가는 식이었다.

대학에서 배운 표현으로 말하면 '드러냄의 속도'가 빠른 글쓰기다. '드러냄의 속도'란 독자에게 새로운 정보를 보여주는 속도다. 새로운 정보는 관심을 붙잡는 힘이다. 드러냄의 속도가 매우 느린 문단은 다음과 같다.

글을 이어 쓰기 전에 물 한 잔을 마시려고 부엌으로 갔다. 한동안 냉장고 안을 멍하니 바라보며 서 있었다. 맨발로 선 부엌 바닥은 차가웠고, 방금 저녁을 먹었는데도 냉장고 두 번째 칸의 후무스가 자꾸 눈에 들어왔다. 찬장에 있는 토르티야 칩을 꺼내 2차전을 치를까 하고 한참 더 서서 고민했다.

묘사가 풍부하고 나름 재밌을 수도 있지만, 이야기는 전혀 앞으로 나아가지 않는다. 글자 수 2000자짜리 온라인 글이 이런 속도라면, 끝까지 읽을 독자는 거의 없다. 반대로, 드러냄의 속도가 빠른 문단은 다음과 같다.

물 한 잔 마시러 부엌에 갔다. 찬장에서 컵을 집으려는 순간, 컵이 바닥에 떨어져 깨졌다. 유리 파편이 발에 박혀 피가 줄줄 났다. 내 비명을 듣고 옆집 사람이 문을 두드렸다. "들어와서 도와줘요!" 라고 외쳤다. 그런데 문이 열리자, 옆집 사람은 손도끼를 들고 있었다. 휙! 도끼날이 내 목을 향해 날아왔다.

이 문단이 빠르게 느껴지는 이유는 간단하다. 문장마다 새로운 정보가 등장하기 때문이다. 물 한 잔 마시려다 살인마에게 목이 잘리는 상황까지 다섯 문장 만에 치달았다. 이제 정보를 전달하는 글을 보자. 드러냄의 속도가 느린 문단은 다음과 같다.

습관에 대해 모두가 알아두어야 할 한 가지 사실은 습관을 들이기가 매우 어렵다는 점이다. 실제로 몇 년이 걸릴 수도 있다. 이렇게 오래 걸리는 이유는 우리가 저마다 삶의 다양한 측면에서 어려움을 겪기 때문이다. 어떤 측면에 '나쁜 습관'이 가장 많은지, 또 그런 나쁜 습관을 어떻게 좋은 방향으로 바꿀지 파악하는 데만 해도 몇 달, 심지어 몇 년이 걸릴 수 있다. 그것도 겨우 첫걸음일 뿐이다. 그 후에도 실질적인 변화를 이루려면 또 오랜 시간이 걸린다.

지루해서 하품이 다 나온다. 요점은 '습관은 만들기 어렵다'이다. 나머지 문장은 그 말을 돌려쓰고 있을 뿐이다. 첫 문장만 남기고 다 지워도 무방하다. 오히려 독자의 시간을 아껴주니 더 낫다. 드러냄의 속도가 빠른 버전은 이렇게 쓸 수 있다.

습관에 대해 모두가 알아야 할 사실은 한 가지다. 습관을 들이기는 정말 어렵다. 그 이유는 네 가지다.

1. 나쁜 습관을 끊기로 결심하는 것 자체가 쉽지 않다.
2. 새로운 습관을 만드는 데 최소 한 달이 필요하다.
3. 좋은 습관은 즉각적인 보상이 없어서 쉽게 포기하게 된다.
4. 주변 사람들의 영향을 피하기가 훨씬 더 어렵다.

이 글이 더 매력적인 이유는 문장 하나하나가 다음 요점으로 전진하기 때문이다. 온라인에서 독자의 관심을 끌고 유지하려면 이런 속도가 필요하다. 다시 한번 강조하지만 '대충 쉽게 쓰라'는 뜻이 아니다. 때로는 느린 속도가 글의 분위기와 감정을 더 돋보이게 한다. 핵심은 인터넷이라는 공간이 빠르게 돌아간다는 점을 이해하고 글의 속도를 환경에 맞게 최적화하는 것이다.

레벨 5: 구체적으로 쓰기

의식적으로 글을 쓰기로 했고, 카테고리를 정했고, 스펙트럼을 확인했고, 드러냄의 속도를 인지했다면, 남은 일은 하나다. 구체적으로 쓰는 것.

"우리는 사람 냄새 나는 이야기를 전합니다" 같은 문장은 그럴 싸하지만 아무런 인상을 남기지 못한다. 거창하고 두루뭉술하며 모두를 만족시키려는 메시지는 결국 백색 소음처럼 들리기 마련이다.

반대로 구체적인 문장은 독자에게 선택을 요구한다. 독자들은 '이거다!' 하며 클릭하거나 그냥 지나친다. 이 책의 영문 제목이 좋은 사례다. 단순히 '글쓰기의 기술'이라 하지 않고 '온라인 글쓰기의 비즈니스와 기술The Art and Business of Online Writing'이라고 했다. 이제 독자는 선택해야 한다. 나는 일반적인 글쓰기를 배우고 싶은가? 아니면 디지털 시대의 글쓰기를 배우고 싶은가? 아니면 글로 돈 버는 방법을 알고 싶은가?

'구체적으로 쓰라'는 이렇게 바꿔 말할 수 있다. **두루뭉술하게 쓰면 외면당한다.**

구체성의 힘을 실감하게 되면, 두루뭉술한 문장이 곳곳에서 보인다.

- "요리를 배우고 싶어요." → "인도 커리, 특히 티카 마살라 만드는 법을 배우고 싶어요."
- "차를 사고 싶어요." → "전기차를 사고 싶어요."
- "스포츠 관련 글을 써요." → "농구 선수들의 공통점에 대한 글을 써요."
- "여자가 가게에 들어섰다." → "여자가 꾸물거리며 식료품점에 들어섰다."
- "그는 매일 저축했다." → "그는 매일 밤 잠들기 전 침대 밑 신발 상자에 1달러 지폐를 넣었다."

글에 반응이 없다면 대부분 구체성이 부족해서다. 카테고리도 구체적이지 않고, 대상 독자도 구체적이지 않은 탓이다. 예를 들어, "저는 인생에 관해 씁니다"와 "저는 열정을 찾아 방황하는 20대를 위한 라이프스타일에 관해 씁니다"는 완전히 다르다. 후자를 보는 즉시 독자는 자신이 대상인지 아닌지 판단할 수 있다. 많은 작가 지망생이 이렇게 구체적으로 말하기를 두려워한다. 자신을 좁은 틀에 가두는 것 같아서다. 그러나 온라인에서는 그 틀이 필수다. 독자가 머릿속에서 내 글을 어디에 꽂아둘지 알아야 하기 때문이다. 카테고리는 얼마든지 좁아질 수 있다.

- '마케팅' → '콘텐츠 마케팅'

- '콘텐츠 마케팅' → '급성장 기업을 위한 콘텐츠 마케팅'
- '급성장 기업을 위한 콘텐츠 마케팅' → '급성장 기업 리더들을 위한 콘텐츠 마케팅'

카테고리가 구체적일수록 독자는 '읽을지 말지' 더 빠르고 정확하게 결정한다. 작성자 자신도 무엇을 쓰는지 명확해진다. 결과적으로 독자는 말한다. "와, 내가 찾던 글이야!' 카테고리를 구체화하면 문장도 구체적으로 변한다.

- 마케팅은 노출을 늘리는 좋은 방법이다. → 콘텐츠 마케팅은 브랜드의 인지도를 높이는 좋은 방법이다. → 콘텐츠 마케팅은 신규 고객을 유치하고 구매로 이끄는 좋은 방법이다. → 콘텐츠 마케팅은 경영자가 직접 경험과 통찰을 전할 때 효과가 더 크다. 자연스럽게 잠재고객들의 관심과 신뢰를 얻어 구매 결정으로 이끌 수 있기 때문이다.

구체적일수록 내 글이 남의 글과 섞이지 않는다. '더 잘 쓸 수 없을까?'보다 '더 구체적으로 표현할 수는 없을까?'라고 물어야 한다. 구체적인 글은 독자의 마음에 더 깊이 가닿는다. 틈새에서 시작해서 확장하라.

레벨 6: 신뢰도 쌓기

신뢰도는 인기 작가가 되는 조건이 아니다. 레벨 1~5에서 다룬 내용은 신뢰도, 인지도, 평판과 무관하다. 그저 콘텐츠 글쓰기 기술과 게임의 원칙에 초점이 맞춰져 있다.

하지만 많은 사람이 이 과정을 건너뛰고 싶어 한다. 특히 이미 다른 분야에서 성공한 사람일수록 이런 경향이 강하다. 그들은 첫 글부터 조회수가 폭발하리라 기대한다. 자신의 직업적 위치만으로 사람들이 주목하리라 생각한다.

나는 달랐다. 처음 쿼라에 글을 쓰던 스물세 살의 나는 신뢰도가 전혀 없었다. 문예창작과를 졸업했을 뿐 포트폴리오도 없었고 생계를 위해 SNS 카피를 쓰며 살았다. 전문가도, 유명인도, 성공한 사람도 아니었다. 자랑할 만한 이력이라곤 10대 후반 〈월드 오브 워크래프트〉 랭커였던 것뿐이었다. 재밌는 이야깃거리는 될지 몰라도 신뢰를 줄 만한 경력은 아니었다. 그래서 나는 처음부터 신뢰도를 쌓아야 했다.

다행히 온라인에서 신뢰를 얻는 건 그리 어렵지 않다. 신뢰란 결국 '이 사람 말은 들을 만하다'를 뒷받침하는 크고 작은 단서들의 합이다. 온라인에서 얻을 수 있는 신뢰의 종류는 세 가지다.

① 암시적 신뢰

온라인에서 사람들이 가장 먼저 판단하는 것은 창작자가 아니다. 콘텐츠 자체다. 우리는 글이든 영상이든 음악이든 콘텐츠를 처음 접하자마자 호오를 판단한다. 마음에 들면 끝까지 보고, 아니면 스크롤을 넘긴다. 끝까지 본 다음에야 인지한다. '이 멋진 콘텐츠는 한 번도 들어본 적 없는 사람이 만들었네?' 그 순간 우리는 보물을 발견한 것처럼 느낀다.

내 콘텐츠가 내가 속한 카테고리에서 유독 돋보인다면, 그 자체로 암시적 신뢰가 생긴다. 좋으면 끝이다. 창작자가 누구인지, 어떤 경력이 있는지 검색할 필요조차 없다. 이미 콘텐츠로 판단이 끝났기 때문이다. 암시적 신뢰를 만드는 요소들은 다음과 같다.

- 프로필 사진: 성의 없는 프로필 사진은 내가 이 '게임'에 진지하게 임하지 않는다는 인상을 준다. 따라서 독자들도 나를 진지하게 여기지 않을 것이다.
- 소개문: "고양이와 커피, 넷플릭스를 좋아합니다" 같은 소개는 아무 의미가 없다. 내가 누구고, 어떤 분야의 글을 쓰며, 왜 신뢰할 만한 사람인지 보여줘야 한다.
- 제작 품질: 조악한 이미지, 허술한 영상은 뜨내기처럼 보이게 한다. 반대로 고품질 이미지는 전문가처럼 보이게 한다.
- 맞춤법: 문법 실수는 신뢰를 떨어뜨리는 주범이다. 지적을

받더라도 실수를 거름 삼아 발전해나가면 된다.

- 논리정연함: 글이 술술 읽히면 독자는 자동으로 '아, 이 사람은 자기가 무슨 이야기를 하는지 알고 있구나'라고 판단한다.
- 구체성: 구체적인 글일수록 독자가 '나를 위한 글'이라고 느낀다.

이것이 콘텐츠 글쓰기 게임이 흥미로운 이유다. 스물세 살 때의 나처럼 누구나 뛰어들 수 있다. 내가 속한 카테고리에서 가장 인기 있는 사람만큼, 혹은 그보다 더 좋은 글을 쓰면 이길 수 있다. 홍보도 광고도 필요 없다. 그저 콘텐츠로 승부하면 된다.

② 표면적 신뢰

백이면 백 모두가 갖고 싶어 하는 것이 신뢰다. 우리는 누구나 《포브스》에 소개되고, 아마존 베스트셀러 1위에 오르고, 토니 로빈스와 사진 찍고, 아리아나 허핑턴의 추천사를 받고 싶어 한다. '내가 이렇게나 대단한 인물임'을 뒷받침하는 단서들을 내세워서 사람들의 주목을 받길 원한다.

이런 '보이는 증거'는 사람들의 시선을 끄는 강력한 힘이 있다. 그래서 회사들은 웹사이트 첫 화면에 유명 매체 로고를 줄줄이 내

걸고, 베스트셀러 책 표지마다 유명인의 추천사가 달린다. 표면적 신뢰를 만드는 요소들은 다음과 같다.

- 유명인의 추천: "니콜라스 콜은 이 세대의 가장 위대한 작가다."―에이브러햄 링컨
- 유명 매체 노출: 《타임》,《포브스》,《포춘》,《비즈니스 인사이더》에 소개되었다."
- SNS 팔로워 수: 팔로워 100명과 팔로워 10만 명이 주는 신뢰감은 차원이 다르다.
- 진입 장벽이 높은 결과물: 책을 출간했다거나 고품질 영상 강의를 제작했다는 것 자체가 신뢰감을 준다. 보통 상당한 전문성이나 자금이 필요하기 때문이다.
- 타이틀과 배지: 아마존 베스트셀러 1위 작가, 뉴욕타임스 베스트셀러 작가, 월스트리트저널 베스트셀러 작가, 쿼라 최고의 작성자, 미디엄 최고의 작성자 등의 타이틀, 그리고 링크드인, 인스타그램, 트위터의 인증 배지 등은 표면적 신뢰를 얻는 도구다.
- 경제적 성과: 미스터리 소설가 제임스 패터슨은 최근 10년간 수입이 7억 달러에 달하며 '세계 최고 소득 작가'라는 수식어가 따라다닌다.

그런데 여기엔 함정이 있다. 표면적 신뢰는 독자들의 기대치를 한껏 끌어올린다. '보세요, 이 많은 사람이 나를 인정합니다. 절대 실망하지 않을 거예요' 하고 호언장담하는 것이기 때문이다. 실력이 뒷받침되지 않는 상태에서 이 카드를 먼저 쓰면 기대가 실망으로 바뀌는 데 10초도 걸리지 않는다. 독자들은 첫 세 문단만 읽고도 속았다고 판단한다. 다른 작가와 비교하고 기대를 충족하지 못하면 미련 없이 떠난다. 즉, 관심을 끌었을 뿐 유지하지 못한다.

③ 누적된 신뢰

인터넷에서 가장 저평가되지만, 가장 쉽게 얻을 수 있는 신뢰다. 신뢰란 결국 '꾸준함의 흔적'이다. 누군가의 인스타그램 계정을 우연히 발견했다고 하자. 프로필도 깔끔하고 소개문도 멋지다. 그런데 게시물이 딱 네 장, 그것도 3년 전이 마지막이다. 우리는 바로 판단한다. '별 볼 일 없네.' 아무런 노력도, 꾸준함도 안 보이니 그가 이 게임을 얼마나 대충하는지 알 수 있다.

이번엔 다른 사람의 계정을 본다. 최근 게시물이 36분 전에 올라왔다. 몇 주, 몇 달, 몇 년 전까지 콘텐츠가 차곡차곡 쌓여 있다. 팔로워는 6000명쯤. 대단하지는 않아도 목적과 의도를 지니고 게임에 임하는 사람이란 걸 알 수 있다. 우리는 자연스레 팔로우 버튼을 누른다.

화려한 경력, 인증 배지, 언론 노출(표면적 신뢰)보다 우리를 끌어당기는 건 좋은 콘텐츠(암시적 신뢰)와 꾸준히 쌓인 흔적(누적된 신뢰)이다. 팔로우는 결국 이런 마음이다. '이 사람은 내일도 오늘만큼, 혹은 그보다 더 좋은 걸 보여줄 거야. 놓치고 싶지 않아.' 누적된 신뢰를 만드는 요소들은 다음과 같다.

- 기간: 지난주부터 시작한 사람 ⋘ 3년 동안 매일 한 사람
- 빈도: 가끔씩 기분 내킬 때 쓰는 사람 ⋘ 매일 쓰는 사람
- 양: 글을 3개 올린 사람 ⋘ 3000개 이상 올린 사람
- 소비량: 조회수 300 회 ⋘ 조회수 100만 회
- 성과: 게시글 하나라도 폭발적인 반응을 얻었다면 그것 자체가 훈장

여기서 중요한 사실이 있다. 누적된 신뢰는 돈으로 살 수 없다. 기사, 트래픽, 팔로워, 추천사, 리뷰, 대필까지 돈으로 살 수 있지만 꾸준함은 결코 돈으로 살 수 없다. 그래서 더 믿을 만하고 더 가치 있다. 그리고 이 신뢰는 다음 단계로 넘어가는 발판이 된다.

스물다섯 살 때 내가 쿼라에서 '올해 최고의 작성자'로 선정됐을 때 외부 사람들은 그 타이틀이 무슨 의미인지 몰랐다. 하지만 그 훈장은 내가 매일 글을 쓰며 쌓아온 신뢰의 결과물이었다.

어떤 타이틀을 가치 있게 만드는 것은 타이틀 자체가 아니다. **그 타이틀을 '어떻게 활용하느냐'다.**

나는 '쿼라 최고의 작성자'라는 타이틀을 적극적으로 활용했다. 개인 웹사이트와 모든 SNS 소개란에 붙였고, 쿼라에도 그 타이틀을 얻은 과정을 설명하는 글을 올렸다. 그러자 다른 사람들도 그 타이틀로 나를 묘사하기 시작했다. 어느 팟캐스트에 초대됐을 때도 진행자는 나를 '쿼라 최고의 작성자 니콜라스 콜'이라고 소개했다. 유명 매체도 내 답변을 실을 때 '니콜라스 콜, 쿼라 최고의 작성자'라고 덧붙였다. 내 웹사이트나 SNS 소개란을 보고 그대로 가져다 쓴 것이다. 2015년 당시만 해도 그 타이틀이 어떤 의미인지 모르는 사람이 많았다. 내가 자랑스럽게 달고 다니니, 다른 사람들도 가치 있게 보게 된 것이다. 이는 인터넷에서 신뢰를 쌓는 숨은 비법이다. 신뢰란 결국 다른 사람의 인정이고, 누구나 쌓을 수 있다.

작은 성과라도 생겼다면 반드시 활용해야 한다. 게시글 하나가 조회수 1만 회를 넘었는가? 프로필에 링크를 걸고, '1만 명이 읽은 인기 글 보러 가기'라는 문구를 붙여라. 업계 유명인이 리트윗했는가? '벤저민 하디도 반한 글'이라고 활용하라. 5년간 꾸준히 글을 써왔는가? 소개문에 '2020년부터 매일 글을 쓰고 있습니다. 가장 인기 있는 글은 여기서 확인하세요'라고 추가하라.

인터넷에서 신뢰를 쌓는 방법은 무수히 많다. 이미 갖고 있거

나 쉽게 얻을 수 있는 것조차 활용하지 않으면, 결국 아무런 신뢰도
주지 못하는 사람으로 남는다.

레벨 7: 나만의 카테고리 만들기

레벨 6까지 왔다면, 글쓰기 여정에서 중요한 깨달음을 얻게 된다.
다른 사람이 이미 장악한 카테고리 안에서 경쟁하는 건 지독히 어
렵다. 호러는 스티븐 킹, 법정 스릴러는 존 그리샴, 청소년 마법 판
타지는 J.K. 롤링. 이들보다 잘 쓸 수 있을까? 솔직히 어렵다. 해법
은 새로운 카테고리를 만드는 것이다. 크든 작든 성공을 거둔 작가
들은 기존 장르 안에서 경쟁하지 않는다. 우연히든 의도적으로든
자기만의 영역을 만든다.

- **대중 과학:** 말콤 글래드웰 이전의 논픽션은 대부분 딱딱한
  과학서 아니면 피상적인 인생 조언서였다. 글래드웰은 둘
  다 아닌 '대중 과학'이라는 새 영역을 개척했다. 철저한 연
  구에 쉬운 문제를 결합해 일반 대중도 쉽게 읽을 수 있는 책
  을 썼다.
- **아이들을 위한 마법 판타지:** J.K. 롤링은 J.R.R. 톨킨의 『반지

의 제왕』보다 더 잘 쓰려 하지 않았다. 대신 어린 독자들을 겨냥한 새로운 마법 판타지를 만들었다.

- **직설적인 자기계발서**: 젠 신체로의 『사는 게 귀찮다고 죽을 수는 없잖아요?』와 마크 맨슨의 『신경 끄기의 기술』은 불편한 진실을 따끔하게 말하는 새로운 자기계발 장르를 탄생시켰다. 독자들은 이제 선택해야 했다. 따뜻한 위로냐, 날카로운 직설이냐.

- **남성 풍자 에세이**Fratire: 터커 맥스는 『지옥에도 맥주가 있길 I Hope They Serve Beer in Hell』로 젊은 남성의 일상을 적나라하고 재치 있게 다룬 새 장르를 창조했다. 이 책이 서점 베스트셀러 1위에 오른 이유는 단순히 글을 잘 써서가 아니라 완전히 새로운 장르를 만들었기 때문이다. 이제 누가 따라해도 '아류작'이 될 수밖에 없는 독보적 영역이 됐다.

이런 사례는 무수히 많다. 하지만 대부분의 작가는 자신만의 카테고리를 만들지 않는다. 만드는 법은 둘째치고, 만들 수 있다는 사실조차 모른다. 그래서 평생 남의 카테고리에서 분투한다.

사람들은 작가를 꿈꾸는 순간부터 누군가를 목표로 삼아 그를 따라잡으려 한다. 하지만 이는 불리한 게임이다. '새로운' 카테고리를 만드는 대신 '더 나은' 작가가 되려 애쓰다가, 결국 글쓰기 경력 전체를 남의 그늘 속에서 보낸다.

우리는 모두 모방하며 시작한다. 영감을 준 작가를 닮고 싶어 한다. 하지만 기본기를 익히고 경험이 쌓이면 중요한 선택의 순간이 온다. 계속 누군가의 '더 나은' 버전이 될 것인가? 아니면 완전히 새로운, 나만의 색깔을 만들 것인가? '남다름'은 언제나 '더 나음'을 이긴다. 그렇다면 어떻게 새로운 카테고리를 만들까?

새로운 영역은 예상치 못한 교차점에서 탄생한다. 여러 영역을 깊이 이해하는 작가들이 이를 포착한다.

카테고리를 만드는 방법은 무수히 많지만, 매칭 게임으로 생각하면 쉽다. 자신의 강점을 파악하고, 데이터로 검증된 인기 영역을 찾고, 글쓰기 스펙트럼(교육과 오락 사이)에서 자신의 위치를 정한다. 그런 다음 다양한 대상, 장르, 스타일을 조합해 완전히 새로운 카테고리를 만든다.

- 타깃 독자 × 장르: 역사 소설을 쓰고 싶은가? 성인 역사 소설 시장은 워낙 크고 경쟁이 치열해서 주목받기 어렵다. 그렇다면 장르는 유지하되 타깃 독자만 바꿔보자. 아이들을 위한 역사 소설? 참전용사를 위한 역사 소설? 이민자를 위한 역사 소설? 좁은 시장 같지만, 구체적일수록 통할 확률이 높다. 색다른 영역에 도전해 독자들에게 확실한 선택을 요

구하는 것이다.

- 장르 × 장르: 어울리지 않는 두 장르를 섞어보라. 신선한 영역이 탄생할 수 있다. SF와 자전적 에세이? 자기계발서와 소설? 뜻밖의 조합일수록 매력적인 영역을 발견할 가능성이 크다.

- 독자 또는 장르 × 어조: 글쓰기 스펙트럼의 위치가 어떤 장르에서는 뻔하지만, 다른 장르에서는 참신할 수 있다. 젠 신체로의 『사는 게 귀찮다고 죽을 수는 없잖아요?』가 좋은 예다. 따듯한 위로 일색인 자기계발서 시장에서 '어조'를 바꿔 완전히 새로운 시장을 만들었다. 사람들은 제목이나 필력을 흥행 이유로 꼽지만, 진짜 이유는 새로운 장르를 개척해 독자들에게 확실한 선택을 요구했다는 점이다. '부드러운 격려를 원하십니까? 아니면 뼈를 때리는 일침을 원하십니까?'

머릿속에 색다른 카테고리가 떠올랐다면 그것이 기존 카테고리와 어떻게 다른지 명확히 보여줘야 한다. 여기서도 관건은 구체성이다. 새 카테고리가 왜 독자들이 찾던 바로 그것인지 구체적으로 보여줄수록, 독자들은 그것을 '독자적인' 영역으로 인식할 것이다. 예를 들어 '밀리터리 로맨스'라고 내걸면 로맨스 서가를 훑던 독자는 확실히 선택한다. '군대 배경 로맨스라고? 확 끌리네!' 중요한 것은 작가의 인지도나 작품명이 아니라 카테고리 자체를 알리는 것이다. 그러면 독자들은 자연스럽게 묻는다. '이 장르가 내가 찾던 장

르라면 누구의 글을 읽어야 하지? 이 분야 최고는 누구지?'

이 새로운 카테고리를 만들고 독자들에게 소개한 사람이 당신이라면, 독자들은 누구를 찾을까? 그렇다. 당신이다.

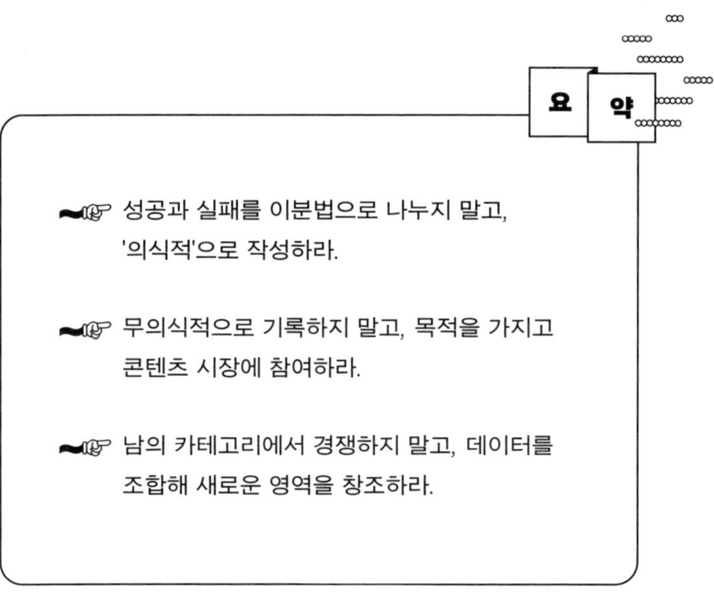

모든 것을 쓰되,
아무 데서나 쓰지 말라

디지털 환경은 수시로 변한다. 오늘의 좋은 플랫폼이 내일도 좋을 거란 보장은 없다. 그러면 어디에서 글을 써야 할까? 나는 이 책이 오래 읽히기 바라기에, 당장 효과적이어도 곧 퇴색될 요령들보다는 핵심 원칙을 이야기하겠다. 앞서 나는 콘텐츠 글쓰기를 '이미 활발한 독자층이 형성된 플랫폼에서 자신의 **생각, 이야기, 의견, 통찰**을 나누는 것'이라고 정의했다.

대부분의 작가 지망생, 업계 전문가, 사업가, 컨설턴트, 대중 연설가, 디지털 마케터는 콘텐츠 글쓰기를 유명 매체에 글을 기고하는 것이라 생각한다. 왜?《포브스》로고가 달린 글은 신뢰도가 확

올라가기 때문이다.

유명 매체에 글을 싣는 건 분명 이점이 있다. 하지만 흔히 생각하는 것처럼 '대박의 지름길'은 아니다. 지금부터 《Inc. 매거진》에서 3년 가까이 인기 작가로 활동한 내 경험을 바탕으로, 영향력 있는 매체의 '노출 효과'에 대한 다섯 가지 진실을 소개한다.

❶ 유명 매체가 '수백만 조회수'를 보장하진 않는다

데이터로 말하자면, 내가 2017년에 《Inc. 매거진》에 기고한 409편 중 조회수 1만 회를 넘긴 칼럼은 44편뿐이었다. 그중 5만 회를 넘긴 건 5편, 10만 회를 넘긴 건 단 2편이었다. 《Inc. 매거진》이 월 3000만 조회수를 찍는다고 해서 개별 글 하나가 유의미하리란 보장은 없다.

더 안타까운 통계가 있다. 유명 매체에 실린 글 하나를 읽는 데 평균 1분도 안 걸린다. 게다가 이탈률은 70~90퍼센트다. 첫 글을 클릭한 사람들 중 고작 10퍼센트만이 다음 글을 클릭한다.

왜 그럴까? 유명 매체 대다수가 광고로 수익을 낸다. 독자가 도망가기 전에 최대한 많은 광고를 보여주는 게 비즈니스 모델이다. 독자 한 명을 끌어들이는 데 드는 비용보다 그 독자에게 1분 동안 노출되는 광고 수익이 더 크면 된다는 계산이다. 그래서 이런 매체는 독자의 관심을 오래 유지할 생각이 없다. 두 가지에만 신경 쓴다. 검색엔진 최적화(관련 키워드 검색 시 상위 노출)와 SNS에서 눈길을 확 끄는 '낚시성' 제목. 사람들은 대개 글 하나를 클릭해서 읽고, 원래 있던 곳으로 떠난다.

결론적으로 유명 매체에 글 한 편 실린다고 엄청난 노출을 기대하긴 힘들다. 사실 대부분의 조회수는 본인이 직접 SNS에 공유하면서 나온다. "《포브스》에 내 글이 실렸어! 읽어봐!" 그러면 페이스북 친구, 링크드인 지인 몇 명이 '좋아요'를 누르고 축하 댓글을 다는 정도다.

❷ 유명 매체에는 쓰고 싶은 내용을 자유롭게 쓸 수 없다

유명 매체가 외부 필진을 구할 때 진짜 원하는 것은 '인력이 모자란 분야에서 글을 채워줄 사람'이다. 내가 《Inc. 매거진》의 정기 기고자가 된 것은 글솜씨가 좋아서만은 아니었다. 때마침 창의성 카테고리에 글 쓸 사람이 더 필요했기 때문이다. 나중에 내 글이 수십만 조회수를 기록하고서야 다른 주제도 쓸 수 있게 됐다. 매체에 확실히 도움이 되는 인력이었으니까. 하지만 편집자와 몇 달에 한 번씩 통화할 때마다 원래 맡은 분야로 돌아가달라는 얘기가 나왔다. 더 많은 글이 필요한 주제를 제안하면서 말이다. 나는 매체를 위해 일한 것이다.

당신의 목표가 원하는 글을 쓰는 것이라면, 유명 매체의 지면을 얻기 위해 애쓸 필요가 없다.

경영인 대필을 시작하면서 나는 엄청나게 성공한 비즈니스 리더들, 수억 달러 규모의 기업을 상장하거나 매각해낸 사람들이 전문지나 뉴스 매체에 논평을 게재하도록 도왔다. 하지만 이런 내로라하는 사람들도 나와 똑같은 제약과 검열을 받았다.

한번은 이런 일이 있었다. 2년간 고객이었던 경영인의 글을 두고 편집자가 너무 주관적이라고 지적했다. 2018년 유럽 개인정보 보호법 시행으로 그의 해외 사업이 큰 타격을 받고 있을 때였다. 우리가 작성한 글은 기업들이 새 법으로 인한 과징금 폭탄을 피하려면 어떻게 해야 하는지 다룬 것이었고, 노련한 경영인의 경험에서 우러나온 실질적 조언이었다. 하지만 편집자는 그가 기자처럼 객관적으로 써야 한다고 주장했다. 칼럼을 계속 쓰고 싶으면 그들의 규칙을 따를 수밖에 없었다.

❸ 유명 매체에 글을 쓴다고 해서
자신을 확실히 홍보할 수 있는 것은 아니다

유명 매체의 평균 칼럼 조회수는 1000회 미만이다. **그렇다. 고작 1000회 미만.** '대박이 나는' 글의 유형은 크게 세 가지다.

- 세계적인 기업(이를테면 애플)을 다룬 글
- 논란이 되는 주제에 새로운 관점을 제시한 글
- 자기계발이나 인생 조언을 담은 글

내가 2017년 《Inc. 매거진》에 기고한 칼럼 중 가장 조회수가 높은 10개 중 9개는 자기계발 관련 내용이었다. 너무나 많은 작가, 경영인, 연설가가 유명 매체에 글만 실으면 자신의 사업이나 책이 널리 알려져 모든 게 잘 풀리리라 생각한다. 하지만 그들이 놓치는 게 하나 있다. 아무도 아침에 일어나 '오늘은 어떤 광고를 읽어볼까?' 하지 않는다는 점이다.

사람들이 유명 매체의 글을 읽는 이유는 세 가지다. 누군가의 견해가 궁금할 때. 최신 동향을 알고 싶을 때, 뭔가를 배우고 싶을 때. 이게 전부다.

내 조회수 상위 9개 칼럼이 자기계발 관련 글이라는 것만 봐도 알 수 있다. 모두 '독자'를 위한 글이었다. 독자의 생각을 자극하고, 생산성을 높이고, 삶에 도움이 되는 글이었다. 독자를 최우선으로 생각했기에 좋은 성과를 낼 수 있었다. 글의 초점이 나에게 쏠리거나 자아도취적 성찰을 할 때마다 조회수는 바닥을 쳤다. **조회수가 가장 높았던 내 쿼라 답변은 전부 이런 패턴을 따랐다.**

- 80만 회 이상: 자신감을 키우는 법
- 78만 회 이상: 평균에서 벗어나는 법
- 50만 회 이상: 외모를 가꾸면서 달라진 것들
- 42만 회 이상: 내 인생을 완전히 뒤바꾼 단 한 번의 만남
- 41만 회 이상: 원하는 것을 모두 가져도 행복하지 않은 이유

❹ 도달률은 소셜플랫폼이 유명 매체보다 압도적으로 높다

물론 유명 매체의 글도 가끔 대박이 나서 조회수가 수백만, 수천만, 심지어 수억까지 찍힌다. 하지만 정말 드문 경우고, 이런 폭발적인 조회수를 기록하는 글은 보통 교양 있는 독자를 대상으로 한 깊이

있는 글이 아니다.

예를 들어 《비즈니스 인사이더》의 인기 글 중 하나는 아마존 회장 제프 베이조스의 순자산을 쌀로 환산하면 몇 가마니가 나오는지 보여주는 글이었다. 반면 소셜플랫폼은 더 다양한 작가들에게 기회의 문을 열어준다.

숫자만 비교해도 알 수 있다. 《Inc. 매거진》이 한 달에 3000만 조회수를 기록하는데, 글쓰기 플랫폼 '미디엄'은 유저 수만 3000만 명이다. 쿼라의 유저 수는 미디엄의 10배인 3억 명에 이른다.

유명 매체의 도달 범위는 꽤 작은 편이다. 내《Inc. 매거진》칼럼의 조회수는 한 번도 쿼라나 미디엄에서 얻은 조회수를 능가하지 못했다. 성과가 뛰어났던 달이라고 해봐야 30만 회 정도에 그쳤다. 미디엄에서 30만 회면 그냥 평균치였다. 2014~2018년에 쿼라에서 30만 회를 기록했다면 완전 실패작이었다. 꾸준히 100만 회 이상을 기록했으니까. 지금도 내가《Inc. 매거진》에 쓴 409개 칼럼은 매달 8만 회 정도를 기록하는 반면 미디엄과 쿼라에 쓴 글은 매달 50만에서 100만 회를 기록하고 있다.

❺ 유명 매체에서는 나만의 독자층을 만들 수 없다

마지막으로, 자율성을 고려해야 한다. 정기 기고자가 되는 순간 모든 권한이 내 손을 떠난다. 매체에 게재된 글은 더 이상 내 것이 아니라 매체의 것이다. 내 웹사이트나 블로그, SNS에 다시 올리려면 시차를 두고, 반드시 출처를 덧붙여야 한다.

또한 정기 기고자로서 독자를 확보하기 위해 할 수 있는 일이 거의 없다. 팔로우 버튼도 없고 따로 구독자를 모을 방법도 없다. 매체가 제공하는 데이터도 제한적이다. 기껏해야 조회수가 얼마나 나왔는지, 독자들이 어디서 얼마나 유입됐는지 정도만 알려준다. 정작 작가에게 제일 필요한 정보인 독자층 분석이나 참여도 같은 데이터는 거의 주지 않는다.

기고자의 역할은 간단하다. 매체에 조회수를 올려주고, 그 대가로 매체의 인지도에 힘입어 표면적 신뢰도를 올리는 거다.

물론 유명 매체가 주는 이점도 있다. 나도 《Inc. 매거진》 필진으로 활동한 것이 작가 경력에 엄청난 도움이 됐다. 진입 장벽이 높다는 점 덕분에 쿼라나 미디엄과는 다른 신뢰를 얻을 수 있었다. 유명 매체에 글을 실어서 얻는 혜택은 다음과 같다.

- 표면적 신뢰: 유명 매체에 단 한 번만 실려도 '○○지 기고' '○○지 게재'라는 이력을 사용할 수 있다. 개인 웹사이트에 매체 로고를 달 수 있다. 그 한 편의 글이 다른 매체의 문을 여는 열쇠가 되기도 한다. 나 역시 《타임》에 두 번 실렸을 뿐이지만 지금도 '《타임》 게재' 수식어를 쓴다.

- 검색엔진 최적화: 유명 매체는 구글에서 신뢰도가 매우 높다. 《Inc. 매거진》이나 《포브스》에서 내 개인 사이트로 링크를 걸면, 알고리즘이 그 사이트 역시 '신뢰할 만한 곳'으로 인식해서 검색 시 노출이 더 잘 된다.

- SNS 노출: 《Inc. 매거진》과 함께한 마지막 1년 동안 내가 얻은 가장 큰 혜택은, 새 글이 나올 때마다 공식 트위터 계정(팔로워 270만 명)이 링크와 함께 나를 태그해준 것이다. 나는 일주일에 최소 5편을 썼으니 내 이름이 계속 노출된 셈이다. 그 덕분에 내 트위터 팔로워도 7500명 이상으로 늘었고, 그중에는 기자, 마케터, 작가, 투자자, 비즈니스 리더 등 영향력 있는 사람도 많았다. 물론 모든 매체가 그렇게 해주는 건 아니다. 열에 아홉은 인기 기고자들의 글만 홍보한다.

- 수입: 부수입이 필요하면 정기 기고자가 되는 것도 나쁘지 않다. 단, 세 가지 조건이 있다. 다른 플랫폼에서 이미 독자를 확보한 실적(나는 쿼라에서 증명했다), 해당 분야에서 신뢰

받을 만한 경력, 매달 일정량 이상 아웃풋을 낼 능력. 이 조건을 충족해야 돈을 벌 수 있고, 대부분 조회수 기반 지급이다. 매체 입장에서는 가장 유리한 방식이다. 조회수가 곧 광고 수익이니, 매체가 돈을 벌어야 작가도 번다. 하지만 이 방식은 복불복에 가깝다. 나는 한 달에 25~30편 써서 겨우 몇백 달러를 벌기도 했고, 반대로 대박 난 글 하나로 5000달러를 번 적도 있다. 내 동료는《Inc. 매거진》역대 최고 기록인 2000만 조회수로 2만 달러를 받아 다이아몬드 반지를 사서 여자친구에게 청혼했다. 말 그대로 복권 같은 일이다. 대부분의 기고자는 글을 쓴 만큼 못 받는다. 조회수가 그만큼 안 나오니까.

어떤 분야에서 글을 쓰든 규칙은 똑같다. 출판계도, 여행·음식·연예 매체도 다르지 않다. 핵심은 하나다. 유명 매체에 글이 실려 얻는 가장 큰 혜택은 '표면적 신뢰'다. 대부분의 매체는 이 원리를 잘 활용한다. 브랜드 가치를 빌려주고 값싼 노동력을 얻는다. 유명 매체의 로고 하나만으로도 개인 신뢰도는 크게 올라간다. 검색엔진 노출, SNS 주목, 부수입도 뒤따를 수 있다. 하지만 꼭 매체의 논객 역할을 해야만 그 모든 혜택을 얻는 건 아니다. 더 쉽고 빠르고 효과적인 방법이 있다. 단언컨대, 콘텐츠 글쓰기를 시작하기에 가장 좋은 곳은 소셜플랫폼이다.

소셜플랫폼에서 시작해야 하는 이유

유명 매체 기고나 책 출간을 꿈꾸기 전에 먼저 해야 할 일이 있다. 나만의 분야, 고유의 목소리, 확실한 독자층을 확보하는 것이다. 이 세 가지를 가장 빨리 이룰 수 있는 곳은 소셜플랫폼이다. 조건은 간단하다. 유저 기반이 탄탄하고, 내가 쓰는 분야와 잘 맞으며, 독자의 반응을 데이터로 확인할 수 있어야 한다.

소셜플랫폼에서 글을 쓸 때의 장점

- 발견되기 쉽다. 블로그는 독자를 불러들여야 하고, 매체 기고는 검색엔진이나 광고에 의존해야 한다.
- 조회수, 공유, 댓글, 인증 배지, 팔로워 등 지표로 신뢰도를 쌓을 수 있다.
- 독자와 직접 소통하고 다른 작가와 연결되며 관계를 형성할 수 있다.
- 독자층 확보 속도가 빠르고 효율적이다.
- 콘텐츠의 소유권이 온전히 내 것이다. 원하면 여러 플랫폼에 그대로 올릴 수 있다.
- 같은 글이라도 블로그보다 소셜플랫폼이 더 '공개적'으로 느껴진다.

- 확산성이 가장 높다. 한번 불이 붙으면 폭발적으로 번진다.

소셜플랫폼에서 글을 쓸 때의 단점

- 피드백이 즉각적이다. (사실 장점인데 많은 사람이 단점으로 꼽는다. 좋아요·댓글 수가 실시간으로 드러나니 부담스러워서다.)
- 비판이 더 직설적이다. 그래서 많은 작가 지망생과 업계 인사들이 피한다.
- '아무나 쓰는 곳'이라는 인식이 있다. 그래서 어떤 사람은 일부러 진입 장벽 높은 매체만 고집한다.

하지만 이 단점들은 사실 두려움에서 나온 걱정일 뿐이다. 독자들의 피드백, 잦은 노출, 직설적 비판 덕분에 더 빨리 성장할 수 있다. 차세대의 작가, 지식인, 창작자, 업계 리더는 대부분 소셜플랫폼 출신이 될 것이다.

향후 5~10년 동안 계속 각광받을 소셜플랫폼

- 쿼라Quora: 내가 보기에 인터넷에서 가장 저평가된 플랫폼이다. 유저 3억 명, 매달 수억 회 노출을 자랑하며 진입 장벽은 낮고 기회는 많다. 노하우, 인생 조언, 논픽션에 적합하다.

- 미디엄Medium: 칼럼니스트가 의견을 내고 독자층을 키우기에 가장 좋은 곳이다. 독자 분석 데이터를 확인할 수 있고 3000만 명 유저 생태계를 활용할 수 있다. 문학보다는 논픽션, 칼럼, 노하우 글에 유리하다.

- 링크드인LinkedIn: 비즈니스, 생산성, 기술, 최신 동향 관련 글을 쓰기에 최적이다. 독자층 확보, 데이터 수집, 수억 명 유저 연결이 가능하다.

- 왓패드Wattpad: 소설 작가에게 강력한 플랫폼이다. 실시간 연재가 가능하고 독자는 팔로우, 댓글, 공유를 할 수 있다. 애나 토드의 『애프터』는 왓패드에서 15억 회 조회수를 기록한 후 뉴욕타임스 베스트셀러 1위에 오르고 영화로도 제작됐다.

- 트위터Twitter(현재 X): 틈새시장에서 실험하고 자기 목소리를 발견하기 좋은 플랫폼이다. @VeryShortStory는 140자 미만 초단편 소설로 10만 팔로워를 모았고, 결국 『아주 짧은 이야기들Very Short Stories』을 출간했다.

- 아마존: 유저, 데이터, 독자층 모두 갖췄지만 시행착오에 시간과 돈이 많이 든다. 추천 방식은 다른 플랫폼에서 짧은 글로 시작해 반응 좋은 콘텐츠를 아마존에 출판하는 것이다.

어느 한 플랫폼을 고집하지 말라. 모든 웹사이트는 수명이 있다. 어떤 곳은 2~3년, 어떤 곳은 10년을 버틴다. 유튜브나 팟캐스트처럼 지금은 10년 전보다 성공하기 훨씬 어려운 플랫폼도 있다. 불가능한 건 아니지만, 새로 시작할 땐 해당 플랫폼이 전성기인지 쇠퇴기인지, 이제 막 뜨는지 파악해야 한다.

소셜플랫폼의 5단계 주기

플랫폼의 생애 주기는 대체로 다음과 같다.

1기: 새 플랫폼이 등장하면 얼리어답터가 몰려든다

초기 진입의 최대 장점은 플랫폼이 성장할수록 창작자도 함께 성장한다는 점이다. 신생 플랫폼은 창작자를 전폭적으로 지원한다. 그야 볼 만한 콘텐츠가 없는 플랫폼에는 아무도 오지 않으니까.

그러나 리스크도 있다. 플랫폼이 망하면 창작자가 쏟아부은 시간과 노력, 독자층이 한순간에 사라질 수 있다. 그래서 많은 사람이 소셜플랫폼 대신 블로그를 선호한다. 따라서 이미 어느 정도 자리 잡은 소셜플랫폼이 가장 안전하다. 망하기 어렵고, 유저 풀이 크며, 창작자를 지원할 여력도 있다.

2기: 플랫폼이 성장하면 초기 유저는 스타가 된다

플랫폼이 주목받기 시작하면 초기 유저들이 자연스럽게 '대표 얼굴'이 된다. 유튜브에서 '유튜버'가 탄생했고 인스타그램에서 '인플루언서'가 만들어졌다. 플랫폼 급성장기에 인기 창작자가 연달아 등장하면서 사람들은 깨닫는다. '이 게임의 규칙을 따르면 나도 이길 수 있다.'

이 단계에 들어선 플랫폼은 이미 상당한 투자를 받았을 가능성이 매우 높다. 2기 플랫폼이 하루아침에 사라질 확률은 극히 낮다. 설령 위기가 와도, 투자자들이 공짜로 날리진 않는다. 즉 유저들이 콘텐츠와 팔로워를 옮길 시간은 충분하다. 그런데도 많은 사람이 플랫폼보다 블로그가 안전하다고 생각한다. 과도한 걱정이다.

3기: 플랫폼이 자리를 잡고 전성기가 열린다

내가 2014년 쿼라에 합류했을 때가 딱 이 시기였다. 2012년, 쿼라는 5000만 달러 투자를 받았다. 이는 무료 플랫폼에서 광고 수익 모델로 전환하기 위한 장기 여정의 시작이었다. 내가 진입했을 당시, 이미 일부 실력자들이 '최고의 작성자' 타이틀을 달았고, 플랫폼은 이들을 적극적으로 띄워주고 있었다.

지금 돌이켜보면 완벽한 타이밍이었다. 실력자들의 위계가 막 형성되던 중이라 기회가 열려 있었고, 플랫폼 자체도 충분히 안정적이어서 투자 대비 리스크가 낮았다. 성장할 것이 눈에 보였기에 최소 5년, 어쩌면 10년 이상 갈 플랫폼이라는 확신이 들었다. 그래서 나는 쿼라를 주력 플랫폼으로 선택했다.

글쓰기를 업으로 하는 사람이라면 새로운 플랫폼을 볼 때 반드시 '기회의 창'을 찾아야 한다. 3기는 창작자에게 가장 유리한 시기다. 이 단계의 플랫폼은 유저 참여율을 높이기 위해 활발한 창작자를 의도적으로 띄워주고, 광고가 거의 없어 콘텐츠 소비가 수월하며, 노출이 제한되지 않아 글을 쓰면 모든 팔로워에게 도달한다. 하지만 이런 환경은 오래가지 않는다.

4기: 광고가 도입되고, 콘텐츠 노출이 줄어든다

플랫폼에 광고가 들어오면 유저가 볼 수 있는 콘텐츠의 총량이 줄어든다. 예전에는 스크롤 3분에 피드 20개를 볼 수 있었다면, 광고 도입 후에는 피드 15개와 광고 5개를 보게 되는 식이다. 나머지 5개의 글은 사라진 게 아니라 우선순위에서 밀린 것이다. 당연히 조회수는 떨어진다.

이것을 '스로틀링throttling'이라고 한다. 과거에는 무료였던 노출을 이제는 돈을 내야 얻는 구조다. 페이스북이 처음 도입한 방식으로, 지금은 유료 회원이 되지 않으면 팔로워 100명 중 3명도 내 글을 못 본다. 나 역시 2018년 이후 쿼라 노출량은 2015년과 비교할 수 없을 정도로 떨어졌다. 여전히 수십만 조회수를 기록했지만, 기회의 창은 많이 좁아졌다.

하지만 이것이 '불공평한' 일은 아니다. 플랫폼도 수익이 필요하고, 지금까지 이 방식만이 유효함이 증명되었다. 이 방식을 거부하면 우리가 즐겨 찾는 플랫폼 대부분이 넷플릭스처럼 월 구독제가 되어야 할 것이다.

또한, 플랫폼이 광고를 도입할 때 보통 창작자 보상 시스템도 함께 도입된다. 유튜브의 광고 수익 배분, 인스타그램의 인플루언서 마케팅, 미디엄의 조회수 기반 수익 등이 그 예다. 이들 모두 4기에 등장했다.

5기: 이제 새로운 플랫폼을 찾을 때다

플랫폼이 광고로 돈을 벌기 시작하면 순수 노출은 자연스럽게 줄어든다. 초기에 자리 잡았거나 적절한 시기에 영향력을 키웠다면 계속 우위를 유지할 수 있다. 나도 지금은 쿼라에서 예전만큼 활발히 활동하지 않지만 초기 팔로워 기반 덕분에 신입 창작자들보다 훨씬 높은 노출을 얻는다.

하지만 어느 플랫폼에서든 세대교체는 반복된다. 기존 스타는 언젠가 정체되거나 활동을 중단하거나 다른 플랫폼으로 이동한다. 따라서 상위권은 유지할 수 있어도 영원히 정상의 자리를 지킬 수는 없다.

이 시점에는 두 가지 선택지가 있다. 첫째, 현재 플랫폼에 계속 집중하는 것이다. 플랫폼이 여전히 좋은 기회를 제공한다면(글이 잘 확산되고, 독자가 꾸준히 늘고, 직간접적 수익이 발생한다면) 굳이 떠날 이유가 없다. 둘째, 다각화를 꾀하며 독자들을 새로운 플랫폼으로 유도하는 것이다. 가장 이상적인 시나리오는 2~3기의 급성장기 플랫폼으로 갈아타는 것이다. 우리가 아는 모든 소셜플랫폼은 이런 주기를 겪었다.

- 아마존: 2000년대 후반부터 2014년까지 자비출판 작가들이 전자책을 수십만 부씩 팔며 성공 신화를 썼다. 독립 작가들에게 기회의 창이 활짝 열린 때였다. 지금은 성공하려면 더 많은 비용과 노력이 필요하고 경쟁도 치열해졌다.

- 인스타그램: 2012~2016년은 인플루언서들이 브랜드로부터 상당한 광고 수익을 올리던 시기다. 인플루언서는 새로운 직업이 됐다. 2017년이 되자 공급이 증가하며 광고 단가는 하락했다. '인플루언서 마케팅'은 여전히 유효하지만 전성기의 매력은 잃었다.

- 틱톡Tiktok: 2016년 뮤지컬리musical.ly에서는 재능 있는 10대들이 립싱크로 스타덤에 올랐다. 1년 후 틱톡이 인수하면서 성장기에 신속하게 진입했던 창작자들은 3년 동안 폭발적

인 인기를 누렸다. 2019년 틱톡이 피드에 광고를 도입하기 시작했고, 이는 플랫폼이 공식적으로 4기에 진입했음을 알리는 신호탄이었다.

보다시피 모든 소셜플랫폼의 생애 주기는 비슷하게 흘러간다. 따라서 오늘 글쓰기에 좋은 플랫폼이 내일도 반드시 좋은 플랫폼일 것이라고 장담할 수는 없다.

예를 들어 미디엄은 2012년에 등장했지만, 나는 2017년에야 진입했다. 그전까지는 시장이 너무 작았고, 초대받은 사람만 글을 쓸 수 있었기 때문이다. 2015년, 미디엄은 5000만 달러 투자를 연이어 받으며 본격적인 성장 궤도에 올랐고, 충분히 안정된 3기라는 확신이 들어 시간을 투자했다.

옳은 판단이었다. 2017년부터 현재까지 나는 미디엄에서만 5.5만 명의 팔로워를 확보했고 누적 조회수 200만 회를 기록했다. 주목할 점은 이 성과가 미디엄에 새 글을 쓰지 않고 기존의 쿼라 답변과 《Inc. 매거진》 칼럼을 매일 재게시한 결과라는 것이다(물론 각 게시물에 출처를 명시했다). 2018년 미디엄이 유료 구독제를 시작하면서 작가들에게 유료 콘텐츠 게시를 장려했을 때, 나는 기존의 모든 글을 유료 게시물로 전환했다. 마치 책의 인세처럼 기존 글로도 수익을 창출할 수 있지 않을까 하는 생각에서였다. 공식적인 안내가 없기에 그냥 시도해봤다.

결과는? 지금까지 미디엄에서만 거의 10만 달러를 벌었다. 한 달에 2500~5000달러를, 그것도 기존 글의 재게시만으로 달성한 것이다.

이러한 추세가 계속될까? 그럴 수도, 그렇지 않을 수도 있다. 미디엄의 미래는 상당히 불확실한 편이다. 투자금 1억 4000만 달러를 유치하고 10년 가까이 운영했음에도 적자를 벗어나지 못했기 때문이다. 다만 CEO가 트위터 창업자인 에브 윌리엄스Ev Williams이기에 미디엄이 하루아침에 망할 리는 없을 듯하다.

어쨌든 플랫폼의 생애 주기를 인식하며 시간과 노력을 어디에 투자할지 신중하게 판단해야 한다.

콘텐츠 글쓰기 게임에서 플랫폼은 바뀌어도 규칙은 (거의) 안 바뀐다.

내가 요즘 주목하는 글쓰기 플랫폼은 서브스택Substack이다. 서브스택은 유료 뉴스레터를 위한 소셜플랫폼인데, 사실상 작가 친화적인 도구에 가깝다. 아직은 다른 소셜플랫폼처럼 강력한 알고리즘 추천이나 팔로우 기능이 없지만, 창작자들을 탐색하는 기능을 제공하고 있다. 앞으로 소셜 기능이 계속 강화될 것으로 보인다.

서브스택은 아직 1기다. 2019년, 유명 벤처캐피털 앤드리슨 호로위츠로부터 1530만 달러를 투자받았다. 업계 전문가들이 유료 뉴스레터 시장의 확대 가능성에 베팅했다는 의미다. 이 시장이 계속 성장한다면 서브스택은 앞으로 5년 이상 폭발적으로 성장할 것이다. 그래서 나는 이미 내 유료 뉴스레터를 서브스택으로 옮겼다. 지금이 이 플랫폼에서 자리를 잡을 최적의 시간이라고 판단했기 때문이다.

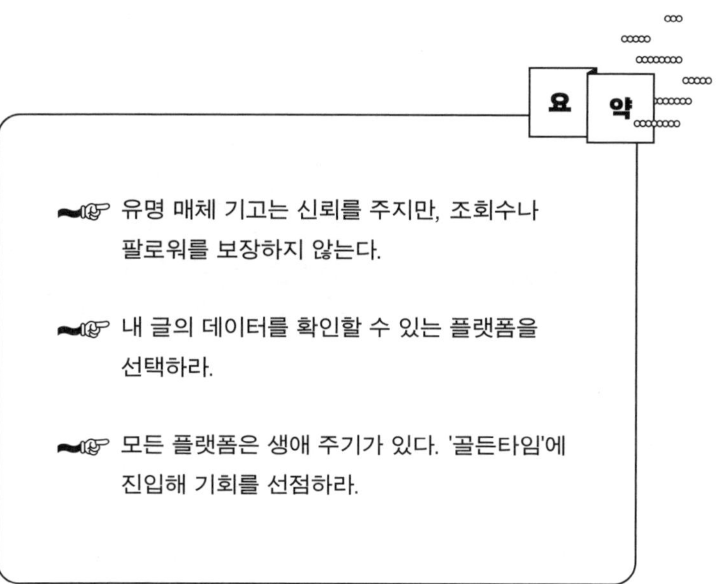

2부
전략 설계

'알고리즘의 가호'를 내 것으로 만드는 법

소셜플랫폼에서 작가로 성장하기

글을 쓰기로 마음먹기는 쉽다. 하지만 꾸준히 쓰기는 정말 어렵다. 대부분 즉각적인 성과를 기대한다. 첫 글을 올리자마자 사람들이 환호하고 조회수가 폭발하길 기대한다. 하지만 아무리 뛰어난 작가도 글 하나를 올리고 하룻밤 만에 성공할 수는 없다. "첫 글이 조회수 1000만 회를 기록했습니다" 같은 일은 절대 일어나지 않는다. 이런 기대는 즉시 버려야 한다.

사실 글쓰기를 정말 좋아하지 않는다면 온라인 작가로 성공하기는 거의 불가능하다. 꾸준함이 핵심이기 때문이다. 게다가 인터넷 환경은 가혹하다. 며칠 공들인 글은 묻히고, 20분 만에 쓴 글이 레딧 메인에 올라가 대박이 날 수도 있다. 칭찬과 비난이 동시에 쏟아진다. 멘탈이 약하면 견디기 힘들다.

열일곱 살에 블로그를 처음 시작했을 때 받은 악플이 기억난다. "이딴 글 쓰느니 학교 가다가 버스에 치여 죽어라." 하지만 분명한 사실이 있다. 콘텐츠 글쓰기의 기술을 통달하면 엄청난 보상이 따른다. 나만의 목소리, 나만의 카테고리, 나만의 브랜드로 독보적인 영향력을 얻을 수 있다. 그 영향력은 곧 '자유'다.

작가로서 성공하고 싶다면, 소셜플랫폼은 남의 글을 읽는 곳이 아니라 내 글을 쓰는 곳이어야 한다.

내가 소셜플랫폼에서 글을 쓸 때 가장 중요하게 생각하는 규칙이 있다.

소비 시간이 창작 시간을 넘어서는 안 된다.

많은 작가 지망생이 '나는 어떤 작가가 돼야 할까' 고민하며 시간을 낭비한다. 자신의 목소리를 탐구하는 대신 다른 작가들의 작품을 소비하며 정답을 찾아 헤맨다. 우리가 소셜플랫폼에서 활동하는 목적은 '읽기'가 아니다. 물론 좋은 글을 쓰려면 많이 읽어야 한다. 하지만 읽는 시간이 쓰는 시간을 초과하면 아무것도 쌓이지 않는다. 읽기만 해서는 작가가 될 수 없다. 작가가 되려면 많이 써야 한다.

소셜플랫폼에서 글쓰기를 시작할 때의 목표는 '게임에 참여해 이기는 것'이다. 참여해야 피드백을 받을 수 있고, 그래야 전략을 수정할 수 있으며, 그래야 더 높은 레벨로 올라간다. 글을 쓸수록 데이터가 쌓이고, 실력이 늘고, 학습 속도도 빨라진다. 이제 기대치를 올바르게 설정하기 위해 콘텐츠 글쓰기의 성장 단계를 살펴보자.

1단계: 쓰기 시작하기

제2의 제임스 패터슨을 꿈꾸는 미스터리 작가 지망생이든, 상장 기업의 은퇴한 CEO든, 처음 인터넷에 글을 올릴 때는 누구나 불안하다. '사람들이 어떻게 생각할까? 내가 제대로 하는 거 맞나? 누가 내 의견을 반박하면 어쩌지? 몇 달 뒤에 이 글을 보면 부끄럽지 않을까?' 나 역시 10년 넘게 같은 질문을 스스로에게 던졌고, 수백 명의 작가와 같은 고민을 나눴다. 결론은 하나다. 이 불안의 뿌리는 바로 '두려움'이다.

우리는 내일의 내가 지금보다 더 나을 거라 믿기에, 지금의 미완성된 모습을 세상에 공개하는 걸 두려워한다. 하지만 이것은 악순환이다. 콘텐츠 글쓰기의 첫 단계는 오늘 쓴 글이 걸작이 아님을 인정하는 것이다. 만약 그 글이 정말 최고의 작품이라면 그게 더 문제다. 시간이 흐르면서 오히려 퇴보한다는 뜻이기 때문이다.

2014년 4월 11일, 나는 쿼라에 첫 답변을 올렸다.

Q: 《엘리트 데일리》는 신뢰할 수 있는 사이트인가요? 그 이유는
뭔가요?

A: 저는 몇 년 전 《엘리트 데일리》에 기고한 적 있습니다. 지금부터
할 이야기를 생각하면 이 사실을 밝히는 게 현명한 선택일지는 모
르겠습니다.

이 사이트의 글들은 얼핏 전문적인 논평처럼 보이지만, 실제로는
20대 초중반의 기고자들이 개인적 의견을 풀어놓는 수준입니다.
물론 그게 잘못은 아닙니다. 저 역시 그중 한 명이었고, 필력 좋은
기고자들이 재밌고 유익한 글을 올리기도 하니까요.

요즘 신뢰하기 어려운 뉴스가 많다는 걸 감안하면, 《엘리트 데일
리》는 빠른 소식을 보거나 '22살에 진지한 연애를 하지 말아야 하
는 10가지 이유' 같은 가벼운 글을 읽고 싶은 사람들에게는 괜찮
은 사이트입니다. 하지만 《하버드 비즈니스 리뷰》나 《시카고 부스
리뷰》 독자처럼 날카로운 통찰을 기대하고 이 사이트를 찾는다면
실망할 수밖에 없습니다. 그건 마치 연예 기사만 읽으면서 왜 SAT
점수가 오르지 않는지 고민하는 것과 같습니다. 《엘리트 데일리》
의 공식 트위터 계정은 대중문화 소식을 보기엔 괜찮지만, 그 이
상으로 보자면 대학 교내 신문 수준에 불과합니다.

이때 이후로 내 글쓰기 스타일은 비약적으로 발전했다. 그리고 이 답변의 수준도 게임 블로거 시절에 비하면 상당히 나아진 것이었다. 지금은 이런 리듬으로 쓰지 않는다. 은유를 남발하거나 은근히 비꼬는 어조로 쓰지도 않는다. 하지만 그것이 바로 스물네 살의 나였다. 그 시절 나는 글을 잘 쓴다는 걸 증명하려 애썼고, 이 답변에 그 흔적이 그대로 남아 있다.

하지만 후회하지는 않는다. 얼마나 성장했는지 되돌아볼 수 있고, 시도하고 노력했다는 사실에 감사할 뿐이다. 플랫폼에 처음 글을 올릴 때마다 내 패턴은 거의 비슷했다.

- 첫 번째 글: "안녕하세요! 반갑습니다. 이 플랫폼에서 만나 뵙게 되어 기쁩니다."
- 두 번째 글: "좋습니다, 이제 본론으로 들어가겠습니다."
- 세 번째 글: "인생이란 무엇이고, 나는 여기서 무엇을 하고 있으며, 이게 다 무슨 의미가 있을까요?"

네 번째 글 즈음에서 전환점이 온다. 설렘이 가라앉고, 데이터는 현실을 알려준다. '하루아침에 뜬다는 건 역시 남의 이야기였구나.' 그리고 서서히 깨닫는다. 모든 성공은 오직 노력의 결과라는 것을. 대부분의 사람들은 바로 이 지점에서 포기한다.

2단계: 6개월간 꾸준히 써보기

꾸준히 쓸 만한 이야깃거리가 있는지, 혹은 어떤 플랫폼이 나와 잘 맞는지 판단하려면 최소 6개월은 써봐야 한다. 내가 친구와 함께 바쁜 기업가들을 위한 대필 회사 '디지털프레스'를 시작했을 때, 우리는 6개월 계약을 기본 조건으로 걸었다. 장기 수익도 계산에 있었지만, 더 중요한 이유는 한두 달로는 결과를 제대로 판단할 수 없기 때문이다. 6개월도 그리 긴 시간은 아니지만, 무엇이 통하고 통하지 않는지 파악하기엔 충분하다. 콘텐츠 글쓰기를 시작한 첫 6개월의 목표는 세 가지다.

첫 번째 목표: 꾸준히 쓸 수 있는지 확인하라

정기적으로 쓰지 않는다면 아무런 의미가 없다. 성실하지 않으면 기술도, 전략, 플랫폼도 소용없다. 두 달에 한 번, 6개월에 한 번 꼴로 쓰면서 실력이 늘길 기대하지 말라. 팔로워가 늘지 않는다고, 순위가 오르지 않는다고 좌절하지 말라. 어떤 플랫폼에서도 순위가 안 오른다고 실망하지 말라. 그건 단지 글쓰기를 취미로 대하는 것이고, 이 게임에 참여하고 있지 않다는 뜻이다.

온라인에 새 글을 올리는 최소 빈도는 월 1회다. 이것은 그야말로 최저 기준이다. 이 정도로도 성과를 낼 수 있는 사람은 이미 온라인에서 인지도, 네트워크, 독자층을 갖춘 경우다. 현실에서 아무리 잘나가도 디지털 발자국이 없다면 처음부터 주목을 받기란 거의 불가능하다. 내가 추천하는 '최소 권장치'는 2주에 1회다.

인터넷에서 분야·업계·장르·카테고리의 선두주자로 인정받고 싶다면, 최소 월 2회는 글을 올려야 한다.

사람들은 믿을 만한 정보원을 찾기 위해 팔로우한다. 한 달에 한 번꼴로 글을 올리는 사람은 타깃 독자의 욕구를 충족하지 못한다. 적어도 한 달에 두 번, 나아가 매주 글을 올려야 팔로우하고 눈여겨볼 가능성이 훨씬 크다. 그리고 정말 사람들의 관심을 끌고 유지하고 싶다면 가장 확실한 길은 일주일에 여러 번, 가능하면 매일 쓰는 것이다. 왜일까?

첫째, 알고리즘은 룰렛과 같다. 돌릴수록 확률이 올라간다. 글을 한 달에 한 번 쓰면 월 1회, 매일 쓰면 월 30회 룰렛을 돌리는 셈이다. 6개월이면 전자는 6회, 후자는 180회이다. 누구의 승률이 더 높을까?

둘째, 콘텐츠 소비자는 변덕스럽다. 좋아하던 창작자가 활동을 중단하면 기다리지 않고 새 관심거리를 찾아 떠난다. 믿을 만한 정보원으로 인식되려면 독자 곁에 계속 있어야 한다.

셋째, 무엇이 '대박'이 될지 아무도 모른다. 몇 달 전 나는 미디엄에 재게시할 글을 고르다가 1년 전에 쓴 짧은 글 하나를 발견했다. 쿼라에서는 반응이 없었으니 미디엄에서도 비슷하겠지 싶어 그냥 올렸다. 그런데 한 시간도 안 돼 조회수가 폭발했고, 자정이 되자 조회수 20만 회와 좋아요 2만 개를 기록하며 미디엄 역대 인기 글 중 하나가 됐다. 나는 이런 경험을 수없이 했다. 어떤 글이 터질지 예측하는 건 불가능하다. 중요한 건 계속 룰렛을 돌리는 것이다.

두 번째 목표: 카테고리를 파악하라

콘텐츠 글쓰기의 첫 6개월은 자신을 '확립'하기보다 '발견'하는 단계다. 디지털프레스에서 대필 작업을 할 때 우리는 먼저 세 가지 핵심 카테고리를 정했다. 고객의 전문 분야, 직무, 개인적 관심사. 그다음 이 세 가지 카테고리에서 번갈아 글을 발행하며 사람들의 반응을 실험했다. 흥미롭게도, 고객이 좋은 반응을 얻으리라고 확신했던 주제가 실제 데이터와 맞아떨어지는 경우는 드물었다. 예를 들어 한 생명공학 기업 CEO가 있었다. 많은 이가 그의 전문 분야를 다룬 글에 관심을 보일 거라 예상했지만, 실제로 가장 큰 호응을 얻은 글은 개인적 관심사인 산악자전거 여행기였다. 그 속에 담긴 '자제력에 관한 교훈'이 특히 좋은 반응을 얻었다.

이처럼 데이터가 쌓이기 시작하면 중요한 결정을 내려야 한다. 마케팅을 주제로 글을 쓰기 시작했는데, 투자 이야기에 더 많은 독자가 몰린다면? SF 소설을 쓰기 시작했는데, 역사 소설에 더 큰 관심이 쏠린다면? 시를 쓰기 시작했는데, 아침 명상 글에 수십 명이 댓글을 달고 소통한다면?

이때 '나는 어떤 작가가 되고 싶은가?'라는 질문이 더욱 복잡해진다. 처음 계획한 방향을 계속 유지할까? 아니면 사람들이 원하는 방향으로 노선을 틀까? 내 대답은 둘 다 가능하다는 것이다.

데이터는 거짓말하지 않는다. 하지만 데이터는 대중의 취향을 알려줄 뿐 당신의 나침반은 아니다.

빠르게 성장하고 실질적인 성과를 얻고 싶다면 데이터를 충실히 따르라. 반대로 결과가 크게 중요하지 않다면(보통 그렇게 말해도 막상 반응이 없으면 좌절하지만), 데이터는 무시하고 그냥 자신의 영혼을 만족시키는 글을 써라.

하지만 가장 좋은 세 번째 선택지가 있다. 대중이 좋아하는 글로 인지도를 쌓고, 그 영향력을 바탕으로 내가 진짜 하고 싶은 작업으로 독자를 이끄는 것이다. 최근 나는 『멈춰야 비로소 깨어난다 Slow Down, Wake Up』라는 시집을 집필하고 쿼라, 미디엄, 트위터에 시를 공유하고 있다. 나는 시를 좋아하고, 10년 넘게 써왔다. 시가 큰 관심을 받지 않는다고 해서 '시' 카테고리를 지우지 않았다. 대신 사람들이 선호하는 글(글쓰기 조언)로 얻은 영향력을 토대로 시 또한 자연스럽게 알리고 있다.

많은 사람이 내 글쓰기 조언 글을 읽고 쿼라, 미디엄, 트위터, 인스타그램에서 나를 팔로우한다. 데이터를 보면 글쓰기 조언은 내 필승 카테고리다. 내 글과 조언이 마음에 든 독자들은 시집도 눈여겨볼 수 있다. 데이터를 활용해 게임에서 이기면서, 동시에 내가 진짜 하고 싶은 일을 계속하는 방식이다.

세 번째 목표: 소셜플랫폼의 인기 작가들을 관찰하고 그들의 방식을 모방하라

사람들은 콘텐츠 글쓰기 게임을 너무 복잡하게 생각한다. 그러나 이 게임은 생각보다 단순하다. 기존 카테고리에서 가장 잘나가는 작가를 능가하고 싶다면, 그 작가가 하는 일을 더 꾸준히 하면 된다. 예를 들어보자.

- 그 작가처럼 매일 새 글을 올린다.
- 그 작가처럼 한 번에 7000자 이상의 글을 쓴다.
- 그 작가처럼 업계 대가들을 만나 배운 내용을 정리해 공유한다.
- 그 작가처럼 독자들에게 질문을 던지고, 모든 댓글에 답한다.

즉, 경쟁자를 연구해 성공의 이유를 파악하라.

- 왜 제목을 모두 대문자로 쓰지? 예전에는 아니었나? 그렇게 해서 참여도(조회수·좋아요·댓글)가 늘어났나?
- 왜 문장마다 문단을 나누지? 가독성이 좋아지나? 참여도가 늘어났나?
- 왜 글 상단에 고품질 사진을 넣지? 어떤 효과가 있지? 참여도가 늘어났나?

인기 창작자가 반복해서 하는 일에는 항상 이유가 있다. 의식했든 의식하지 않았든, 그것이 패턴이라면 효과가 있었다는 뜻이다. 우리의 임무는 그 패턴을 발견해 직접 따라해보고, 그 과정에서 자신만의 스타일로 발전시키는 것이다. 만약 당신이 콘텐츠 글쓰기 게임에서 나를 이기고 싶다면 다음과 같이 하면 된다.

- 매일 새로운 콘텐츠를 올린다.
- 짧은 문단, 단호한 어조, 소제목을 활용해 빠른 호흡으로 쓴다.
- 경험과 통찰을 바탕으로 실천할 수 있는 조언을 한다.
- 프로필 사진과 강연 사진을 내세워 퍼스널 브랜딩을 한다.
- 앞으로 5년 동안 3000개 이상의 글을 게시한다.
- 유명 매체에 수십 번 기고하고, 여러 팟캐스트에 출연해 표면적 신뢰를 쌓는다.

내가 이 게임을 시작했을 때도 똑같았다. 쿼라의 인기 작성자들은 모두 매일 글을 올렸다. 그래서 나도 매일 글을 올렸다. 그들의 글은 짧고 호흡이 빨라서 지루하지 않았다. 그래서 나도 그 스타일을 익혔다. 그리고 그들은 자신의 글이 《타임》, 《포브스》, 《비즈니스 인사이더》 같은 유명 매체에 재게시되는 방법을 알고 있었다. 그래서 나 역시 방법을 찾아냈다. 이것이 모든 플랫폼에 존재하는 암묵적인 게임 규칙이다.

플랫폼마다 성공한 사람들은 공통점이 있다. 쿼라도, 미디엄도, 트위터도, 유튜브도 마찬가지다. 우리의 임무는 그 공통점을 찾아 전략적으로 활용한 뒤, 서서히 자신만의 스타일과 카테고리를 만드는 것이다.

3단계: 폭발적으로 성장하기

1단계와 2단계를 통과했다면 이제 작가로서 나아갈 방향이 보일 것이다. 하지만 6개월 동안 꾸준히 글을 쓰지 못했다면, 솔직히 당신은 아직 작가가 아니다. 이렇게 직설적으로 말하는 이유는 분명하다. 작가가 되는 것은 글쓰기의 목적지가 아니다. 온라인에서 '팔로우할 만한 사람이 되는 지점' 같은 건 없다. 꾸준히 주목을 얻고 관심을 유지해야 한다. 따라서 작가가 되고 싶다면 목표가 바뀌어야 한다. **목표는 '글을 쓰는 것' 자체여야 한다.** 글을 써야만 작가가 될 수 있다.

6개월 동안 꾸준히 쓰지 못했다는 건, 작가로 성공하고 싶은 욕망이 실제로 글을 쓰고 싶은 마음보다 앞섰다는 뜻이다. 그렇다면 다른 길을 찾거나 다시 도전해야 한다. 중요한 건 실패의 원인을 정확히 파악하는 것이다. 왜 쓰지 못했는지 솔직하게 인정하라. 두려움을 마주하고, 오늘부터 다시 쓰기 시작하라.

많은 사람이 읽고, 댓글을 달고, '좋아요'를 누르고, 공유하게 만드는 비결은 단 하나다. **바로 꾸준히 쓰는 것이다.**

여기까지 왔다면 당신은 이미 아마추어의 단계를 넘어섰다. 이제부터는 성장을 가속하기 위한 전략을 추가할 수 있다. 다음은 내가 실제로 즐겨 쓰는 전략들이며, 모든 소셜플랫폼에 적용할 수 있다.

① 독자층 파고들기

비슷한 독자 규모를 가진 다른 작가와 협업해 서로의 독자층을 공유하는 방법이다. 독자 규모가 비슷해야 하는 이유는 간단하다. 팔로워가 1000명인 사람이 팔로워가 100명인 사람의 성장을 도와주길 기대하긴 어렵기 때문이다. 하지만 비슷한 수준의 작가들끼리는 서로에게 이득이 되는 거래로 받아들인다. 가능하다면 같은 분야의 작가보다 다른 분야의 작가를 선택하라. 서로의 독자가 겹치지 않을수록 새로운 사람에게 더 쉽게 노출된다. 협업의 예시는 다음과 같다.

- 공동 집필
- 서로 인터뷰하기
- 서로의 글 공유하기
- 함께 사진이나 영상 촬영 후 서로 태그하기
- 서로의 글 리뷰하기
- 공동 콘텐츠 제작 후 각자 발행하기

독자층 파고들기는 모든 업계에서 흔히 쓰는 전략이다. 베스트셀러 책 표지에 다른 베스트셀러 작가의 추천사가 실리는 경우도 서로의 독자층이 만나도록 다리를 놓는 셈이다. 이 책에도 『퓨처셀프』 저자 벤저민 하디의 추천사가 있다. 나도 그의 책에 추천사를 쓰기로 약속하고 이 책의 추천사를 받았다.

팟캐스터가 다른 팟캐스터를 인터뷰하는 것도, 패션 유튜버가 뷰티 유튜버와 함께 영상을 찍어 올리는 것도, 저스틴 비버가 아리아나 그란데와 듀엣곡을 부르는 것도, 전부 같은 전략이다. 새로운

독자들에게 노출되는 동시에 기존 독자들에게 더 풍부한 콘텐츠를
제공하는 매우 효과적인 방법이다.

② 트렌드 따라잡기

트렌드 편승은 인터넷에서 가장 쉽고 효과적인 성장 전략이
다. 유명인이나 대기업이 물의를 일으키거나, 평범한 사람이 비범
한 업적을 이루면 SNS에서 순식간에 '트렌드'가 된다. 이때 높아진
관심을 내 글로 끌어오는 것이다. 《Inc. 매거진》의 칼럼니스트들은
모두 이 전략을 사용했다. 각자 분야와 관련된 기업·공인의 키워드
알림을 설정해두고, 이들이 뉴스에 등장하는 순간 글을 썼다.

예를 들어, 2017년 마크 저커버그는 인터뷰를 통해 페이스북
의 사훈 변경을 발표했다. 기존의 "세상을 더 개방적이고 연결된 곳
으로 만든다"는 문구는 2016년 대선 논란 이후 비판받고 있었고,
저커버그는 이를 "사람들에게 커뮤니티를 구축할 힘을 주고 세상
을 더 가깝게 연결한다"로 바꿨다.

페이스북이 뉴스의 중심에 있고 《Inc. 매거진》이 이 트렌드를
활용하길 바라는 것을 알았기에, 나는 바로 「저커버그, 페이스북 사
훈 변경하다: 한 문장으로 보는 새로운 사훈」이라는 칼럼을 작성했
다. 결과는 명확했다. 며칠 만에 수십만 조회수를 기록했다.

③ 댓글 파고들기

댓글 파고들기는 다소 번거롭지만 매우 강력하다. 방법은 간단하다. 다른 작가의 글에 댓글을 달며 자연스럽게 내 존재를 노출하는 것이다. 먼저, 내가 자신 있는 카테고리에서 인기 작가 10~15명을 추린다. 독자층이 비슷하거나 조금 더 큰 작가라면 더 좋다. 그들의 최신 글에 댓글을 달고, 가능하면 '다른 사람의 댓글'에 답글을 다는 것이다.

예를 들어, 어떤 작가가 "서른 전에 배워야 할 10가지"를 올렸고, 누군가가 "여기에 몇 가지를 더 추가하고 싶네요"라고 적었다면, 그 댓글에 답글로 내 의견을 덧붙일 수 있다. 핵심은 내 글을 읽을 가능성이 큰 사람들 앞에 노출되는 것이다. 성의 있는 답글이 마음에 든 사람들은 높은 확률로 내 프로필을 클릭할 것이다. 내가 비슷한 주제로 꾸준히 글을 쓰고 있다는 걸 확인하면 자연스럽게 팔로우로 이어진다.

④ 해시태그 쌓기

해시태그는 사실상 '폴더'다. 같은 라벨을 붙여 콘텐츠를 한데 모아주는 기능이다. 따라서 해시태그를 단다는 것은 '이 콘텐츠는 이 폴더에 들어갑니다'라고 알리는 일이다. 많은 사람이 해시태그를 본문처럼 쓴다. "방금 쓴 글입니다. 즐겁게 읽어주세요! #내인생첫게시물와우 #2020"

여기서 '#2020'은 많은 사람이 쓰는 폴더라 괜찮지만, '#내인생첫게시물와우'는 아무도 찾지 않는 폴더다. 콘텐츠 확산에 전혀 도움이 되지 않는다. 해시태그를 잘 쓰려면, 먼저 내 분야의 인기 작가들이 어떤 해시태그를 쓰는지 살펴야 한다. 예를 들어 누가 글마다 '#글쓰기팁'이라고 단다면, 그것이 글쓰기 조언을 원하는 사람들이 들여다볼 만한 폴더이기 때문이다.

또한 큰 폴더와 작은 폴더를 함께 쓰면 좋다. '#글쓰기'는 매우 큰 폴더라 많은 사람에게 노출되지만, 독자층이 너무 일반적이다. 반면 '#비즈니스글쓰기'나 '#소설작문'은 노출 범위는 좁지만 더 정확한 독자들에게 도달한다.

내가 게시물에 두 가지 해시태그를 모두 쓰는 이유도 같다. 널리 노출되면서 동시에 타깃 독자에게 정확히 발견되기 위해서다. 온라인에서 오래 살아남으려면 넓은 독자층과 틈새 독자층 모두에 어필해야 한다.

⑤ 발행 최적화

발행 최적화에는 세 가지 방법이 있다. 이를 제대로 활용하려면 먼저 '발행'과 '공유'의 차이를 이해해야 한다.

'발행'은 특정 플랫폼에 콘텐츠를 처음 올리는 행위다. 대부분의 플랫폼은 같은 글을 여러 번 게시하면 제재를 가한다. 쿼라는 동

일한 답변 복사·붙여넣기를 금지하고, 미디엄도 중복 게시를 허용하지 않는다. 유명 매체도 마찬가지다(매체가 직접 배포하는 경우는 예외다). 확실하지 않을 때는 한 플랫폼당 한 번만 게시하는 것이 안전하다.

반면 '공유'는 원본 게시물의 링크를 다른 플랫폼에 퍼뜨리는 행위다. 많은 사람이 콘텐츠 글쓰기가 얼마나 높은 투자 대비 효과를 가져오는지 모른다. 콘텐츠는 자산이다. 많이 쌓아둘수록 더 오래, 더 다양하게 활용할 수 있다. 특히 시의성보다 보편성이 강한 콘텐츠는 시간이 지나도 가치를 잃지 않는다. 3년 전 글이라도 내용이 훌륭하다면 다시 공유하는 데 아무 문제가 없다. 축적한 콘텐츠를 활용해 발행을 최적화하는 방법은 두 가지다.

(1) 원글을 지우고 일부만 손봐 재게시한다.

온라인에서 글의 성패는 여러 요소에 좌우된다. 사람 없는 시간대에 올렸거나, 제목의 흡인력이 부족했거나, 나중에 보니 완성도가 아쉬울 수도 있다. 이럴 때 기존 글을 삭제, 수정해 재게시하는 건 규정 위반이 아니다. 쿼라는 다른 질문에 새 답변으로, 미디엄은 제목과 발행처를 바꿔, 트위터에서는 해시태그 조합을 바꿔 다시 올리는 식으로 가능하다.

단, 타인의 웹사이트나 유명 매체에 실린 글은 예외다. 삭제가 번거롭고 신뢰를 해칠 수 있다. 공개 글은 어디서나 공유, 링크될 수 있기 때문이다. 이미 공유된 링크를 죽은 페이지로 만들면 독자와 매체 모두 손해다. 소셜플랫폼에서도 마찬가지다. 예컨대 미디엄 글이 트위터에서 널리 퍼졌다면, 원문을 지우는 순간 연결된 링크가 전부 무력화된다. 따라서 원글이 충분한 반응을 얻었는지, 아니면 '다시 시도할 가치가 있는지' 신중히 판단해야 한다.

(2) 매체 배급으로 '중복 콘텐츠' 문제를 피한다

매체들이 서로 인기 콘텐츠를 공유하는 것을 '배급'이라고 한다. 예를 들어 나는 《Inc. 매거진》에 「사람들이 흔히 놓치는 인생의 7가지 중요한 교훈」을 실었다. 이 글은 적당한 반응을 얻어 7만 조회수를 기록했지만, 진짜 폭발은 《비즈니스 인사이더》에 배급된 뒤에 일어났다. 조회수가 300만 회를 넘었고, 6개월 뒤 삭제 후 재게시했을 때는 500만 회를 넘겼다. 삭제 후 재게시한 이유는 신규 칼럼처럼 보이기 위해서였다. 이처럼 어디서 대박이 터질지는 아무도 모른다. 그래서 가능한 한 많은 플랫폼에 콘텐츠를 올려야 한다.

문제는 '중복 콘텐츠'다. 같은 글이 여러 사이트에 실리면 구글이 검색 순위를 낮출 수 있는데, 이 때문에 배급을 꺼리는 사람도 많다. 하지만 이 문제는 '검색엔진 최적화'가 생존의 핵심인 블로그와 사업용 웹사이트에만 중요하다. 예컨대 보험 판매 사이트가 '노인을 위한 생명보험' 같은 검색어로 상위 노출을 목표로 할 때다. 이런 경우 중복 콘텐츠는 손해다. 그래서 한 글을 오직 자기 사이트에만 두고, 다른 웹사이트가 그 글을 인용하며 링크를 걸도록 유도

한다.

　하지만 '콘텐츠 글쓰기 게임'을 하는 작가라면 이야기가 다르다. 우리는 검색어 상위 노출보다 더 많은 독자에게 닿는 것이 중요하다. 내 글이 어디에서 읽히든 상관없다. 중요한 건 더 많은 사람이 읽고, 나라는 사람을 알게 되는 것이다. 즉, '중복 콘텐츠'를 걱정하는 작가들은 사실 애초에 게임에 제대로 참여하고 있는 것도 아니다. 나는 검색엔진 상위 노출을 목표로 글을 쓴 적이 없기에, 중복을 걱정하지 않았다. 오로지 더 넓은 독자에게 닿는 데 집중했다.

　매체 배급 전략의 '초급 버전'은 작성한 글을 여러 소셜플랫폼에 그대로 게시하는 것이다. 예를 들어 쿼라에 답변을 올렸다면, 그대로 복사해 제목을 붙여 미디엄에도 올린다. 그리고 그 미디엄 글의 링크를 링크드인에 공유한다. 이런 식으로 같은 콘텐츠를 각기 다른 생태계로 확장하는 것이다. 필요하다면 글들을 묶어 전자책으로 만들고, 왓패드나 아마존에 출판할 수도 있다. 단, 콘텐츠가 본인 소유임을 증명할 수 있어야 한다. 검색엔진 최적화를 노리는 것이 아니므로 제목이나 본문을 바꿀 필요도 없다. 단지 플랫폼마다 독자층과 알고리즘이 다르니, 같은 글이라도 여러 곳에서 '새로운 글'로 소비될 수 있기 때문이다.

　'고급 버전'은 직접 웹사이트나 매체에 연락해 자신의 콘텐츠를 무료로 배급해도 좋다고 제안하는 방식이다. 이 전략을 쓰는 작가가 드문 이유는, 대부분 '매체가 내 글에 돈을 줘야 한다'고 생각하기 때문이다. 하지만 신진 작가에게 정말 중요한 것은 글 한 편당 100달러가 아니라, 수많은 배급을 통해 얻는 무료 마케팅, 노출, 그리고 신뢰도 상승이다.

이 방법을 실행할 때는 해당 매체의 '제휴' 혹은 '파트너십'을 담당하는 사람을 찾아 아래와 같은 이메일을 보내면 된다.

안녕하세요.
저는 니콜라스 콜이라고 합니다. 쿼라와 미디엄에서 자기계발 및 습관에 관한 글을 쓰고 있습니다.
귀사의 독자층과 결이 맞는 콘텐츠를 무료로 배급할 의향이 있으신지 여쭙고자 합니다.
다음은 제가 쓴 글 중 가장 인기 있는 몇 편입니다.
[링크]
[링크]
[링크]
관심 있는 글이 있다면 알려주세요. 필요하다면 다른 글도 보내드릴 수 있습니다.

감사합니다.
니콜라스 콜 드림

일반적인 웹사이트나 블로그는 구글의 '중복 콘텐츠' 기피 현상 때문에 이런 제안을 꺼릴 수 있다. 그러나 유명 매체들은 오히려 쿼라Quora, 미디엄Medium, 링크드인LinkedIn, 페이스북, 트위터 같은 플랫폼의 인기 글을 적극적으로 배급한다. 많은 곳이 배급 전담 부서를 따로 둘 정도다. 그들의 독자층을 겨냥한 콘텐츠를 쓰고 있고, 조회수 등 데이터 지표가 좋으면 더욱 환영한다.

나는 이 전략으로 쿼라 답변 약 100개를 《포브스》, 《포춘》, 《타임》, 《시카고 트리뷴》 등 주요 매체에 실을 수 있었다. 《스라이브 글로벌》과 《래더스》는 지금도 내 미디엄 글을 꾸준히 배급한다. 직접 움직이면 길은 열린다.

나아가, 고급 버전을 한 단계 더 확장한 '전문가 버전'도 있다. 이는 개인은 물론 기업도 활용할 수 있는 강력한 성장 전략이다. 핵심은 '개인' 자격으로 배급을 제안하는 대신, 자신의 웹사이트를 하나의 신생 매체로 브랜딩하고 '매체' 자격으로 다른 매체와 제휴를 맺는 것이다.

이 전략이 효과적인 이유는 인터넷이 결국 '인식 게임'이기 때문이다. 내가 개인 작가로서 《비즈니스 인사이더》에 연락한다면, 내가 나름 인기 작가라 해도 수락 여부는 불확실하다. 하지만 이렇게 말한다면 상황이 달라진다. "안녕하세요, 인생 조언 관련 매체에서 제휴를 담당하고 있는 콜입니다. 저희 콘텐츠를 배급하는 데 관심이 있으실까요?" 이 경우, 《비즈니스 인사이더》는 '작가 개인'이 아닌 '매체의 제휴 담당자'와 협의하게 된다. 이 차이만으로 수락 가능성이 크게 올라간다.

물론 전제 조건이 있다. 콘텐츠의 질이 충분히 높아야 하고, 그들의 핵심 독자층과 맞아야 하며, 그들의 기존 콘텐츠 흐름과 어울려야 한다. 이 조건을 충족한다면 유명 매체가 무료 콘텐츠를 거절할 이유가 없다. 검색 순위가 높지 않더라도 소셜플랫폼에서 공유할 새로운 링크가 생기고, 도달률이 늘어나며, 다시 한번 룰렛을 돌릴 기회가 된다. 매체는 결국 조회수 기반 광고 수익으로 운영되므로 콘텐츠는 많을수록 유리하다.

독립 매체를 만드는 것도 어렵지 않다. 홈페이지 제작 플랫폼에서 테마를 선택해 사이트를 만들고, 여러 작가의 훌륭한 글을 게시한다. 여기에 자신의 콘텐츠도 함께 올리면 된다. 이후 주요 매체에 링크를 보내 콘텐츠 배급을 제안하면 된다.

이 전략의 가장 큰 장점은 복수 제휴가 가능하다는 점이다. 이론상 다섯 곳의 주요 매체와 제휴를 맺어 같은 글을 모두 실을 수 있고, 동시에 여러 소셜플랫폼에 공유할 수도 있다. 콘텐츠 하나로 여러 곳에서 동시에 이득을 얻는 것이다.

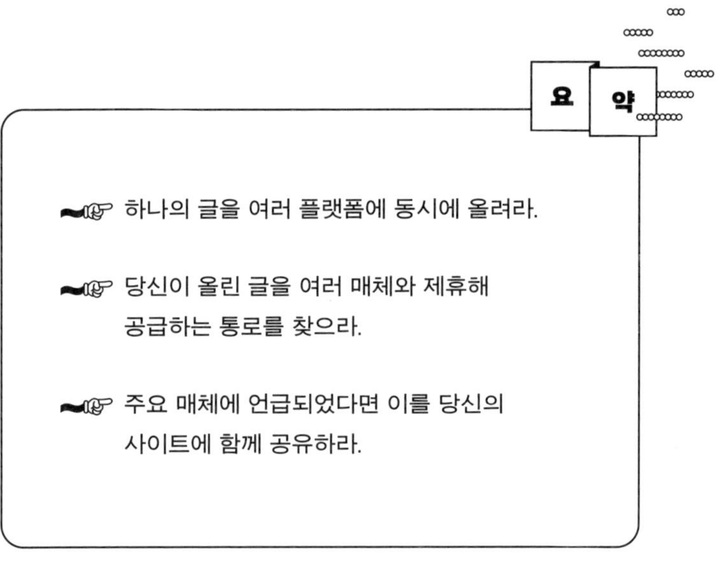

요 약

하나의 글을 여러 플랫폼에 동시에 올려라.

당신이 올린 글을 여러 매체와 제휴해
공급하는 통로를 찾으라.

주요 매체에 언급되었다면 이를 당신의
사이트에 함께 공유하라.

항상 통하는 콘텐츠의 5가지 유형

콘텐츠 글쓰기는 크게 다섯 유형으로 나눌 수 있다.

- 유형 1: 실용적 가이드
- 유형 2: 논평
- 유형 3: 리스트
- 유형 4: 스토리
- 유형 5: 신뢰 기반 글

칼럼, SNS 게시물, 이메일 뉴스레터, 전자책을 읽을 때마다 어떤 유형에 속하는지 의식해보라. 이 다섯 유형이 얼마나 다양하게 응용되는지 이해하면, 글을 쓸 때마다 자신의 목적을 더 선명하게 파악할 수 있다.

콘텐츠 글쓰기 게임에서 승리하는 방법은, 특정 카테고리에서 특정 유형의 글을 '가장 뛰어난 버전'으로 완성하는 것이다.

예를 들어, '프리랜서 사진작가가 되는 방법'을 주제로 글을 쓴다고 하자. 가장 먼저 답해야 할 질문은 '어떤 유형의 글인가?'이다. 물론 답은 '실용적 가이드'다. ('○○하는 법'은 예외 없이 실용적 가이드 유형이다.)

두 번째 질문은 '어떻게 이 글이 최고의 가이드가 될 수 있을까?'이다. '구체적이고 포괄적이며 유익한' 가이드를 완성하는 것이 목표다. 독자가 읽고 나서 북마크하고, 공유하고, 더 나은 글을 찾아볼 필요가 없다고 느끼게 해야 한다. 이를 위해서는 경쟁 조사가 필수다. 관련 키워드를 검색해서 다른 사람들이 쓴 '완벽 가이드'를 읽어보라. 그들이 놓친 부분, 더 궁금하지만 다루지 않은 영역을 찾아내면 방향이 잡힌다.

방향이 잡혔다면 세 번째 질문을 던져야 한다. '더 구체적으로 좁힐 수 있을까?' 온라인에서 좋은 글은 명확하고 간결하게 최대한의 가치를 전달하는 글이다. 많은 작가가 한 글에 너무 많은 내용을 담으려 한다. 제목은 '프리랜서 사진작가가 첫 고객을 잡는 법'인데 막상 고객 얘기, 장비 얘기, 회계 얘기를 조금씩 다루며 리스트가 되어 버리면 독자는 제목에 낚였다고 느낀다.

명심하라. 독자와의 약속을 어길 때마다 독자를 잃는다.

"프리랜서 사진작가가 첫 고객을 잡는 법"이라는 제목을 썼다면 그 제목에 충실한 글을 써야 한다. 관련 없는 생각, 정보, 경험, 통계는 과감히 제외하고 장비 선택법이나 회계 관리법은 별도의 글로 쓰면 된다. 독자에게 약속한 바를 지키는 것이 가장 중요하다. 이제 유형별로 최고의 글을 쓰는 법을 살펴보자.

❶ 실용적 가이드

실용적 가이드의 목표는 독자가 북마크할 만한 글을 쓰는 것이다. 북마크는 '나중에도 참고하고 싶다'는 뜻이다. 작가는 눈도장을 한 번 더 찍는 셈이다. 경쟁자보다 더 나은 실용적 가이드를 작성하는 법은 다음과 같다.

- 더 나은 품질: 모두가 짧고 피상적인 글만 쓴다면, 깊이 있는 단계별 가이드를 제공하라. 반대로 모두가 장황하게 쓰면, 핵심만 간결하게 정리해 차별화할 수 있다.

- 더 나은 어조: 어조가 건조하고 딱딱한 글이 많다면, 부드럽게 친근하게 쓰라. 모두가 가볍게 쓰면 오히려 전문성과 신뢰감을 강조하라.

- 더 나은 구성: 좋은 내용도 가독성이 떨어지면 읽히지 않는다. 소제목과 문단 나누기만으로도 완전히 다른 글이 된다.

- 더 나은 관점: 흔한 주제라면 새로운 각도에서 쓰라. '프리랜서 사진작가가 첫 고객을 잡는 법'이 흔하다면, '왜 첫 고객은 무료로 작업해줘야 하는가'로 접근하는 것이다.

- 더 나은 타깃: 모두가 초보자만 겨냥한다면 전문가용으로 쓰고, 반대로 모두가 전문가를 대상으로 쓴다면 초보도 이해할 수준으로 풀어내라.

- 더 나은 경험: 남들이 일부만 공개하고 유료로 넘긴다면, 핵심까지 무료로 공개해서 차별화할 수 있다.

❷ 논평

인터넷에서 가장 흔한 글은 '의견'이다. 누구나 쉽게 자기 생각을 드러낼 수 있기 때문이다. 하지만 바로 그 이유 때문에 논평은 가장 묻히기 쉬운 유형이기도 하다. 그저 의견을 내는 것만으로는 주목받을 수 없다. 실용적 가이드처럼, 논평에도 분명한 규칙이 있다. 아무도 귀 기울이지 않는 자아도취적 블로거가 되고 싶지 않다면, 더 나은 방식으로 의견을 개진해야 한다. 실용적 가이드에 적용된 원칙은 그대로 유효하다. 경쟁자보다 더 나은 논평을 작성하는 추가 전략은 다음과 같다.

- 더 나은 통계: 모두가 감정이나 주장만 늘어놓는다면, 확실한 데이터를 제시하라. 반대로 통계가 너무 많아 복잡하다면, 결정적 근거 하나로 요약하라.
- 더 나은 인용: 내 의견만 반복하지 말고 전문가의 말을 인용해 글의 설득력을 높여라.
- 더 나은 통찰: 모두가 업계의 틀에 박힌 이야기만 한다면 전혀 다른 분야의 시각을 적용하라. 반대로 광범위한 이야기를 핵심 통찰 하나로 좁힐 수 있다.
- 더 나은 스토리: 단순한 주장 대신 흥미로운 사례나 일화를 들려줄 수 있다. 작가 라이언 홀리데이Ryan Holiday는 유명 인

물의 일화에 개인적인 통찰을 덧붙이는 방식으로 유명하다.

- 더 나은 명확성: 때로는 긴 글보다 명확한 문장 하나가 더 큰 울림을 준다. 복잡한 내용을 명쾌하거나 재치 있게 압축한 글은 SNS에서 바이럴을 타곤 한다.

❸ 리스트

사람들은 리스트형 글을 종종 '낚시성 콘텐츠'와 연결한다. "브리트니 스피어스의 속살이 드러나는 수영복 13선" 같은 제목 때문이다. 하지만 '리스트'는 단지 정보를 배열하는 방식일 뿐이다. 대선 후보도, 교양인을 위한 필독서도, 21세기 최고의 농구 선수도 리스트가 될 수 있다. 리스트가 낚시가 아니라 가치 있는 콘텐츠가 되려면 두 가지 조건이 필요하다. 바로 구체성과 신속성이다.

- 구체성: 제목과 항목들이 직결되어야 한다. "업무 생산성 팁"이라면서 절반이 그저 시간 관리 내용이라면 독자는 실망할 것이다. '꼭 읽어야 할 뱀파이어 소설' 리스트에 늑대인간 소설이 섞여 있어도 마찬가지다.
- 신속성: 핵심을 빠르게 전달해야 한다. 리스트가 인기 있는 이

유는 짧은 시간 안에 정보를 찾을 수 있기 때문이다. 여름방학에 읽을 뱀파이어 로맨스를 찾는 독자는 결국 두 가지만 알고 싶다. 어떤 책인지, 어떤 내용인지. 그 이상의 설명은 방해다.

많은 작가가 이 둘 중 하나만 잡으려다 실패한다. 신속성만 추구하면 내용이 빈약해지고, 구체성만 신경 쓰면 글이 길어져 독자가 이탈한다. 신속성만 갖춘 경우는 다음과 같다.

> "비즈니스의 3가지 공식"
> 1. 열심히 일한다.
> 2. 수익을 낸다.
> 3. 성공한다.
> → 빠르지만 알맹이가 없다. 제목부터 내용까지 너무 뻔하다.

구체성만 갖춘 경우는 다음과 같다.

> "창업 전 반드시 알아야 할 세 가지"
> 1. LLC(유한책임회사) 설립
> 2. 회계 관리
> 3. 첫 고객 확보

→ 실질적인 정보지만, 설명이 장황해질 가능성이 크다.

결국 독자는 구체성과 신속성을 모두 원한다. 경쟁자보다 더 나은 리스트를 쓰려면 다음 기법을 활용할 수 있다.

- 더 나은 사례: 유명 인물 대신 의외의 사례를 찾아 신선함을 줄 수 있다.
- 더 나은 구조: 소제목 아래 한 문장으로 핵심만 제시하거나, 반대로 각 항목을 더 깊이 있게 파고들 수 있다.
- 더 나은 소제목: 단어가 아닌 문장형 소제목을 사용하면 소제목만 훑어도 전체를 파악할 수 있다.
- 더 나은 서론: 단순 나열이 아니라, 이 리스트의 배경과 의도를 소개하며 시작할 수 있다.

❹ 스토리

스토리텔링은 소설 작가만의 기술이 아니다. 좋은 스토리는 독자의 시선을 사로잡아 글 속으로 끌어당기는 가장 강력한 수단이다. 나는 쿼라에서 이를 빠르게 깨달았다. 쿼라에서 가장 큰 반응을 받은 글들은 거의 항상 이야기의 절정에서 시작했다. "처음 백만장자가 됐을 때, 저는 부모님 집 지하실에 살고 있었습니다." 훅! 독자는 이미 이야기 속으로 빨려 들어가 있다.

작가이자 마케터인 조시 페흐터Josh Fechter는 이런 스토리텔링 전략을 링크드인에 적용해 2018년 전례 없는 억대 조회수를 기록했다. 다른 사람들은 짧은 의견만 던질 때, 그는 비즈니스와 기업가 정신을 스토리로 풀어냈다. 모두가 문단을 빽빽이 채울 때, 그는 문장마다 줄을 바꿔서 속도를 냈다. 그의 글은 마치 '시'처럼 보였다. 결과적으로 그는 게임에서 승리할 수 있었다. 경쟁자보다 더 잘 읽히는 스토리를 쓰는 기법은 다음과 같다.

- 더 나은 첫 문장: 서론에서 빙빙 돌지 말고 곧바로 갈등·충돌·성취의 순간부터 시작한다. (온라인 창작 활동은 관심 전쟁이다. 네 문단 뒤에야 재미가 생긴다면 그 네 문단은 지워도 된다.)
- 더 빠른 전개: 장황하게 설명하는 대신 단 네 문장으로 전체 이야기를 전달한다. 줄 바꿈, 단락 분리는 최고의 도구다. 콘텐츠 글쓰기에서는 독자의 시선을 계속 끌고 내려가는 것만이 중요하다.
- 더 입체적인 캐릭터: 캐릭터에게 흔한 이름, 뻔한 취미 대신

낯선 이름과 예상 밖의 취미를 부여한다. 실화든 허구든, 늘 색다른 것을 찾자. 예상치 못한 것이 더 흥미로운 법이다.

- 더 과감한 문체: 딱딱한 문장 대신 해당 분야의 은어나 속어를 활용해 글을 쓴다. 의도적으로 쉼표를 생략하거나 특정 감탄사를 반복하는 것도 나만의 스타일이 될 수 있다.
- 더 독특한 카테고리: 기존 장르만 따라가지 말라. 예를 들어, 일반적인 SF가 아니라 교육용 SF를 쓴다. 평범한 레시피 대신 '가족의 흑역사가 담긴 레시피'를 쓴다. "새벽 1시, 만취한 채 마트 계산원과 말다툼하다가 시작된 래리 삼촌의 애플파이 전쟁"처럼 말이다. 기존 장르에 새로운 관점을 얹는 순간 당신만의 카테고리가 만들어진다.

❺ 신뢰 기반 글

온라인에는 단순히 '가장 신뢰할 만하기 때문에' 읽히는 글들이 있다. 중대한 사회 이슈가 터지면 사람들은 《뉴욕 타임스》를 찾는다. NBA 규정이 바뀌면 사람들은 마이클 조던, 래리 버드, 샤킬 오닐 같은 전설적인 선수들의 의견을 듣고 싶어 한다. 신약이 출시되면 전문의를 찾는다. 콘텐츠 글쓰기도 마찬가지다. 사람들은 가장 믿을 만한 사람에게서 조언을 얻고 싶어 한다. 그래서 작가는 자신이 가장 잘 쓸 수 있는 분야를 찾아야 한다. 아는 것을 써라. 대다수는 '지금 내가 가진 신뢰도'에 맞춰 글의 주제를 선택한다. 마케팅 책임자는 자연스럽게 마케팅에 관해 쓰고, 개발자는 개발에 관해 쓴다.

하지만 반대도 가능하다. 쓰는 주제에 맞춰 신뢰도를 쌓아갈 수도 있다. 나는 스물네 살에 쿼라에서 자기계발 글을 쓰기 시작했다. 인생 코치도 아니었고 유명 강사도 아니었다. 신뢰도는 전혀 없었다. 그런데 꾸준히 쓰고, 더 많은 사람이 읽고, 주요 매체들이 내 글을 재게시하면서 신뢰도는 쌓여갔다. 경쟁자보다 더 신뢰할 만한 글을 쓰는 기법은 다음과 같다.

- 더 나은 인맥: '내 경험'에서 멈추지 말고 신뢰도 높은 인물과 함께한 경험을 이야기한다. 유명인과의 협업, 인터뷰, 프로젝트 사례를 언급하라.
- 더 나은 맥락: 같은 조언이라도 출처가 붙는 순간 설득력이 달라진다. 예를 들어 "경영인 자서전 대필에 대해 알려드리겠습니다"보다 "수백만 달러 규모의 대필 회사를 운영한 경험을 바탕으로 말씀드리겠습니다"가 훨씬 강력하다.
- 더 나은 논점: 뻔한 이야기를 하지 말고, 상식을 깨뜨리거나 업계의 통념을 뒤집어라. '해야 할 것'이 아닌 '대부분이 실패하는 이유'를 설명하면 신뢰도가 한층 올라간다.

• 더 나은 외관: 같은 분야의 전자책 표지가 모두 비슷해 보인다면, 전혀 다른 스타일로 만든다. 남들이 핸드폰으로 대충 찍은 이미지를 사용할 때, 고품질 이미지를 사용해 전문적이고 고급스러운 인상을 준다.

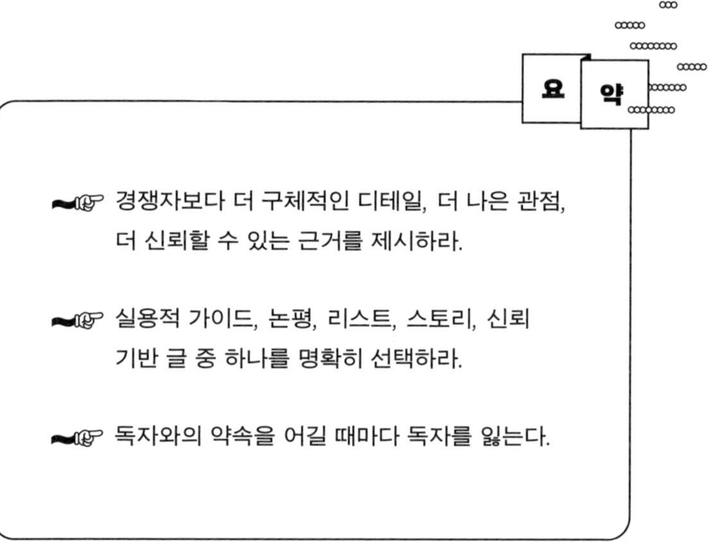

☞ 경쟁자보다 더 구체적인 디테일, 더 나은 관점,
더 신뢰할 수 있는 근거를 제시하라.

☞ 실용적 가이드, 논평, 리스트, 스토리, 신뢰
기반 글 중 하나를 명확히 선택하라.

☞ 독자와의 약속을 어길 때마다 독자를 잃는다.

07장

클릭을 부르는 헤드라인의 공식

온라인 글에는 반드시 헤드라인이 있다. 페이스북 게시물의 첫 문장도 헤드라인이고, 트윗의 첫 문장도 헤드라인이다. 아마존 전자책의 제목과 부제는 물론, 회사 웹사이트의 첫 화면까지 모두 헤드라인이다. 어떤 글은 읽히고 어떤 글은 묻히는 이유는 대개 헤드라인에서 결정된다. 독자는 5~15단어로 이뤄진 한 줄을 보고 '이 글에 시간을 투자할 가치가 있는가? 이 글을 통해 무엇을 얻을 수 있는가?'를 판단한다.

훌륭한 헤드라인은 세 가지를 동시에 알려준다. 무엇에 대한 글인지, 누구를 위한 글인지, 어떤 가치(해결책)를 약속하는지. 그리고 좋은 헤드라인은 '호기심 간극Curiosity Gap'을 만든다. 호기심 간극이란 사람들이 이미 알고 있는 정보와 알고 싶어 하는 정보 사이의 틈이다.

많은 사람이 헤드라인을 창의적이거나 재치 있게 쓰려고 한다. 하지만 온라인에서 진짜 창의성은 '명확성'이다. 모호한 헤드라인은 독자의 관심을 사로잡을 수 없다. 예를 들어, "우리가 알아야 할 핵심 통찰"이라는 헤드라인은 무엇에 관한 글인지, 누구를 위한 글인지, 어떤 가치를 약속하는지 전혀 드러나지 않는다. 다음과 같이 바꿀 수 있다.

- **"인종차별 해결을 위해 정치인이 반드시 알아야 할 핵심 통찰"**: 무엇에 관한 글인지 정확히 알 수 있다.
- **"스티브 잡스, 일론 머스크, 제프 베이조스의 세상을 영원히 바꾼 3가지 핵심 통찰"**: 창의적 경영에 관심 있는 독자는 자신을 위한 글임을 알 수 있다.
- **"대학에 대한 통념을 뒤엎을 단 하나의 핵심 통찰"**: 이 글을 읽고 나면 대학을 새로운 관점으로 바라보게 되리라는 강력한 약속을 담고 있다.

단, 약속을 지키지 않으면 독자는 낚시성 글이라고 느낀다. **참고로 '7가지 방법', '6가지 비결', '3가지 실수'처럼 숫자를 쓰면 낚시처럼**

보인다는 편견이 있다. 하지만 약속을 지킨다면 이런 헤드라인은 매우 효과적이다.

그런가 하면 많은 온라인 작가가 지나치게 자극적인 헤드라인을 사용한다.

- "당신이 예상치 못한 반전 실화"
- "충격! 이보다 더할 수 없는 최악의 상황"
- "아무도 몰랐던 숨겨진 진실"

반대로 의도한 대상, 문제, 약속을 더 명확하게 전달하는 헤드라인은 다음과 같다.

- "회사에 막대한 손실을 입히는 신입 프로젝트 관리자들의 단골 실수"
- "소중한 사람에게 진심을 전하는 7가지 표현"
- "수백만 조회수를 만들고 충성 독자를 끌어모으는 헤드라인 작성법"

이 헤드라인들이 강력한 이유는 재치 있거나 영리해서가 아니다. 의도가 명확하기 때문이다. 독자는 클릭하기도 전에 '무엇을 얻을지' 알 수 있다. 글을 많이 쓰고 데이터가 쌓일수록 타깃 독자에게 어떤 헤드라인이 통하는지 터득하게 된다.

베스트셀러의 제목은 곧 '전문가급 헤드라인'이다. 핵심 메시지를 정확히 집어내거나, 짧은 단어 하나로 의도를 분명히 드러낸다. 비문학과 문학 각각의 사례를 보자.

- 『원자처럼 사소한 습관: 좋은 습관을 만들고 나쁜 습관을 끊는 쉽고 검증된 방법』 (한국어판은 『아주 작은 습관의 힘: 최고의 변화는 어떻게 만들어지는가』)
- 『주 4시간 근무: 9-to-5 근무를 탈출하고, 어디서든 살면서, '뉴 리치'의 삶에 합류하라』 (한국어판은 『나는 4시간만 일한다: 최소한만 일하고 원하는 대로 사는 법』)
- 『판을 키워라: 해적, 몽상가, 혁신가들은 어떻게 시장을 창조하고 지배하는가』 (한국어판은 『카테고리 킹: 누가 새로운 세상을 지배하는가』)
- 『책도둑』 (단 세 음절만으로 이미 이야기가 시작된다.)
- 『레디 플레이어 원』 (게이머들에게 '당신의 취향'이라고 어필한다.)
- 『마션』 (우주복을 입은 인물이 있는 표지 이미지와 결합하여 '지구에 온 외계인'이 아니라 '화성에 고립된 인간'의 이야기임을 알 수 있다.)

이 제목들의 공통점은 독자의 호기심을 자극하면서 세 가지 질문에 명확하게 답한다는 것이다.

무엇에 관한 글인가?

누구를 위한 글인가?

어떤 가치를 약속하는가?

누구를 위해 쓰는가?

어떤 글을 쓰든, 가장 먼저 해야 할 일은 글의 헤드라인과 뼈대, 독자에게 제시할 초점을 분명히 정하는 것이다. **심지어 단 100자짜리 트윗을 쓰더라도 마찬가지다.**

예전의 나는 글을 모두 쓴 뒤에 헤드라인을 붙였다. 내용이 훨씬 중요하고, 제목은 그저 맨 위에 얹는 장식이라고 생각했기 때문이다. 오랜 시간이 지나서야 그 방식이 매우 비효율적이라는 사실을 깨달았다. 헤드라인은 단순한 제목이 아니라 글 전체를 압축한 문장이다. 실용적 가이드, 논평, 리스트, 스토리, 신뢰 기반 글 모두에 해당한다.

30자로 핵심을 분명히 전달하지 못한다면 2000자 글로도, 심지어 한 권의 책으로도 명확하게 전달하지 못할 가능성이 크다. 따라서 가장 먼저 자문해야 한다. **이 글은 누구를 위한 글인가?**

많은 온라인 작가가 '무엇을 쓸 것인가'와 '누가 읽을 것인가'

를 별개의 문제로 본다. 일단 쓰고 싶은 대로 쓴 뒤, 어떻게 하면 더 많은 사람에게 보여줄지를 고민한다. 그들은 글의 주제가 독자층의 규모를 결정한다는 사실을 간과한다.

독자층의 크기는 작가가 다루는 질문의 크기를 반영한다.

'오늘 생명공학계에 어떤 소식이 있을까?'라고 묻는 사람은 많지 않다. 생명공학은 관심을 가진 사람이 한정적인 틈새 분야다.

반면 '어떻게 하면 더 행복해질까?' '내가 건강한 관계를 맺고 있는 걸까?' '어떻게 해야 돈을 더 잘 벌까?'라고 묻는 사람은 훨씬 더 많다. 행복, 인간관계, 돈과 같은 보편적인 주제를 다루는 글은 자동으로 더 큰 독자층에 닿는다.

글을 쓰기 전, 타깃 독자를 명확히 해야 한다. 가능한 한 많은 사람에게 다가가고 싶은가? 그렇다면 보편적인 질문에 답해야 한다. 지역, 직업, 나이와 무관하게 누구에게나 어필할 수 있는 주제여야 한다. 반대로 특정 분야의 독자에게 확실히 도달하는 것이 더 중요한가? 전공자, 실무자, 특정 관심사를 지닌 사람들을 대상으로 한다면, 그들이 궁금해하는 질문에 답해야 한다.

픽션에서도 같은 원리가 적용된다. "인류가 멸종한 날"은 매우 큰 질문을 다룬다. "뱀파이어가 멸종한 날"은 독자층이 더 좁다. "흡혈 애벌레가 멸종한 날"이라면 그보다 훨씬 더 적은 독자가 관심을 가질 것이다. 다루는 질문이 좁고 구체적일수록 독자층도 함께 좁아진다. **가장 이상적인 방법은 틈새 주제로 보편적인 질문에 답하는 것이다.**

예를 들어 "더 나은 작가가 되는 법"이라는 헤드라인은 무엇에 관한 글이고, 누구를 위한 글인지 알려주지만, 어떤 변화를 약속하는지는 다소 부족하다. 반대로, "오늘 더 나은 작가가 되어 내일 베스트셀러 작가로 거듭나는 법"이라면 작가 지망생에게 강력하게 어필하지만, 베스트셀러 작가가 될 생각이 없는 독자에게는 매력적이지 않다.

반면 "더 나은 작가가 되어 매일 글을 쓰며 현재에 충실하게 사는 법"은 훨씬 더 넓은 질문에 답한다. 글쓰기가 삶의 밀도와 만족도와 연결된다는 메시지를 내포하기 때문이다. 이처럼 특정 주제를 보편적인 질문과 연결하면, 새로운 독자를 끌어들이고 기존 분야 밖으로 영향력을 확장할 수 있다. 예를 들면 다음과 같다.

- "생명공학 산업의 미래"는 전문적이지만 다소 추상적이다. "생명공학의 발전이 앞으로 어떻게 우리의 삶의 질과 수명을 어떻게 바꿀 것인가"라고 하면 더 많은 사람에게 의미가 닿는다.
- "도망친 소녀"라는 제목보다 "도망친 소녀: 가족, 상실, 그리고 상처 준 이들을 용서하는 힘"이 작품의 정서와 주제를

더 분명히 보여준다.

- "기억력을 높이는 7가지 비법"은 깔끔하지만, "AI급 기억력을 갖추고 모든 자리의 중심이 되는 비법"은 더 큰 약속을 담아 더 많은 사람의 호기심을 끌 수 있다.

결국 독자층에 관한 핵심 원리는 다음과 같다.

- 큰 질문은 큰 독자층을 끌어들인다.
- 전문적인 질문은 전문적인 독자층을 끌어들인다.
- 폭넓은 독자층에는 단순하고 보편적인 언어가 효과적이다.
- 전문적인 독자에는 정확하고 전문적인 언어가 효과적이다.
- 무엇에 관한 글인지, 누구를 위한 글인지, 어떤 가치를 약속하는지 명확하게 드러난 헤드라인이 가장 강력하다.

완벽한 헤드라인 구성 요소

모든 밀레니얼 세대를 곤혹스럽게 하는 단 하나의 질문

이 헤드라인으로《Inc. 매거진》에 게재한 글은 누적 조회수 20만 회를 넘겼다. ‘밀레니얼 세대’라는 특정 집단을 둘러싼 논의가 활발했던 시기였기에 많은 사람과 매체의 관심을 끌었다. 이 사례를 통해 ‘좋은 헤드라인’이 어떤 요소로 구성되는지 구체적으로 살펴볼 수 있다.

타깃 독자층

누구를 위한 글인가? 기업가? 예술가? 밀레니얼 세대? 베이비붐 세대? 그 집단 내에서도 모두를 위한 글인가? 일부를 위한 글인가? “모든 밀레니얼 세대”라는 표현은 타깃 독자를 명확하게 특정한다. 연령대, 지역, 취향, 관심사를 기준으로 독자를 좁힐 수도 있다. 예를 들어 “시카고 주민이라면 반드시 알아야 할 4가지...”는 지역을 기준으로 독자를 겨냥한다.

- 이 글은 어떤 집단을 대상으로 하는가?
- 그 집단 전체를 위한 글인가, 아니면 일부를 위한 글인가?

구체적인 약속

좋은 헤드라인은 독자에게 ‘왜 이 글을 읽어야 하는지’를 알려준다. 그러므로 독자가 원하는 결과, 혹은 피하고 싶은 상황을 구체적으로 언급해야 한다. 이 헤드라인에서 “곤혹스럽다”는 단어는 강력한 감정적 자극을 준다. 난처해지고 싶은 사람은 없기 때문이다. 글을 통해 독자가 무엇을 얻거나 피할 수 있는지 명확히 제시하면, 그것은 곧 '약속'이 된다.

- "부자가 되는 법"은 좋은 약속이지만, "평생 돈 걱정 없이 살 만큼 부자가 되는 법"은 훨씬 더 강력하다.
- "해고당하지 않는 법"보다 "입사 첫날부터 해고당하지 않는 법"이 독자에게 더 구체적인 장면을 떠올리게 한다.
- "행복한 결혼 생활을 유지하는 법"보다 "결혼해서 20년 넘게 행복하게 사는 법"이 더 설득력 있다.

약속이 구체적일수록, 그리고 독자의 정체성과 맞닿을수록 독자의 참여 의지는 높아진다.

단언적인 표현

"단 하나"라는 표현은 헤드라인의 톤을 단번에 바꾼다. 숫자를 활용하면 글이 간단하고 명확해 보이며, 그만큼 신뢰감을 준다. 여러 요점을 나열하는 대신 '이것 하나만 알면 됩니다'라고 말하면 독자는 '흠, 이거 1초면 읽겠네' 하고 클릭할 것이다.

명확한 목적

그리고 단 하나의 '무엇'인지 바로 연결되어야 한다. 이유인가? 방법인가? 해결책인가? 문제점인가?

이 질문을 명확히 하지 않으면 독자는 무의식적으로 헤드라인을 모호하다고 느낄 것이다. 독자에게 혼란을 주는 헤드라인은 실패한 헤드라인이다. 적합한 단어를 선택해 호기심 간극을 일으켜야 한다.

검증된 헤드라인 형식

헤드라인의 기본 구조를 이해했다면, 다양한 요소를 조합해 타깃 독자의 눈길을 끌 수 있다. 실제로 많은 온라인 매체가 일정한 형식의 헤드라인을 반복적으로 사용하는데, 이는 그 형식의 효과가 이미 검증되었기 때문이다. 장르마다 비슷한 제목 패턴이 존재하는 이유도 같다. 중요한 점은 이러한 검증된 형식을 그대로 모방하는 것이 아니라, 그 안에 자신의 톤과 개성을 자연스럽게 녹여내는 것이다. 다음은 콘텐츠 글쓰기에서 특히 효과적인 헤드라인 유형이다.

- 큰 숫자: "지방 소도시에서 3000명이 실업 급여를 신청한 이유"라는 제목이 효과적인 이유는 '3000명'이라는 구체적

이고 예상 밖의 큰 숫자가 주는 흥미 때문이다.

- 금액: 돈은 보편적인 주제다. "말리부의 4억 달러짜리 초호화 저택" 같은 제목이 효과적인 이유는 일반 대중이 상상하기 어려운 금액이 주는 호기심 때문이다.
- 유명인의 이름: 한눈에 알아볼 수 있는 유명인의 이름은 강력한 주목 장치다. "윌 스미스가 말하는 충만한 삶의 비결" 같은 제목을 클릭하는 이유는 그것이 '윌 스미스'의 비결이기 때문이다.
- 시의성: '방금', '최근', '오늘', '지금 당장' 같은 단어는 인터넷의 수많은 콘텐츠 중에서 '바로 이 글'을 읽어야 할 이유를 만들어준다.
- 성공 사례: 많은 사람이 타인의 성공에서 자극과 영감을 받는다. "이 작은 회사가 일주일 만에 억대 투자를 유치한 방법" 같은 제목은 자연스럽게 호기심 간극을 일으킨다.
- 의외의 조합: "KFC와 마일리 사이러스의 7가지 공통점"처럼 전혀 어울리지 않는 요소를 결합하면 독자의 흥미를 끌 수 있다.
- 업계 대상 지정: "소규모 사업자들이 성공을 유지하는 3가지 방법"은 특정 독자층을 분명히 겨냥한다.
- 주제 속의 주제: "부동산 업계가 변화하는 7가지 방식(지금 이렇게 투자하라)"처럼 괄호를 활용하면 맥락을 보완하면서

더 명확한 가치를 약속한다.

- 질문/답변 구조: "업무 생산성이 오르지 않나요? 이렇게 일정을 관리해보세요"처럼 질문과 해답을 함께 제시하면 헤드라인만 읽어도 전체 구조가 보인다.
- 가짓수 제시: '단 하나', '3가지 방법', '5가지 교훈' 등 숫자가 포함된 형식은 독자에게 더 명확한 기대치를 제시한다.

이러한 형식들은 단독으로도 효과적이지만, 두세 가지를 결합하면 더 강력해진다. "르브론 제임스가 매일 아침 단 하나의 습관으로 연 1000만 달러의 추가 수입을 올리는 법" 같은 제목이 대표적인 예다.

버즈피드BuzzFeed는 필진에게 칼럼당 헤드라인 후보를 30개씩 제출하도록 요구하는 것으로 유명하다. 완벽한 헤드라인을 찾기 위해서다.

훌륭한 헤드라인은 우연히 나오지 않는다. 불필요한 단어들을 덜어내고 핵심을 드러내야 좋은 헤드라인의 세 가지 조건을 충족할 수 있다. 즉, 무엇에 관한 글인지, 누구를 위한 글인지, 어떤 가치를 약속하는지 독자에게 보여줄 수 있다. 내가 헤드라인을 다듬는 과정은 다음과 같다.

먼저, 하고자 하는 말을 한 문장에 담는다.

> "어떤 방해물이 있어도 최고의 삶을 살기 위해 매일 해야 할 8가
> 지 습관"

다음으로, 그 문장이 구체적인 약속을 담고 있는지 살핀다.

> "더 많은 일을 해내고, 목표를 달성하고, 최고의 삶을 살기 위해
> 매일 해야 할 8가지 습관"

그다음, 모호한 부분을 걷어낸다. 독자의 시선이 두세 단어에 꽂히게 만들어야 한다.

> "생산성을 높이고 진정한 성공과 경제적 자유를 얻기 위한 8가지
> 습관"

마지막으로, 군더더기를 최대한 제거한다.

> "생산성과 성공, 경제적 자유로 향하는 8가지 습관"

이 단계까지 마친 뒤에야 비로소 본문을 쓰기 시작한다.

논픽션 작가라면 이 기법을 콘텐츠 글쓰기에 적극적으로 활용할 만하다. 익숙해지면 어느 플랫폼을 보더라도 검증된 패턴이 한눈에 들어올 것이다. 소설 작가에게도 마찬가지로 유용하다. 책 제목뿐 아니라 콘텐츠 마케팅에 적용할 수 있기 때문이다. 가령 SF 작가라면 "SF 장르를 정의한 불멸의 캐릭터 8인"과 같은 글을 써보자. 콘텐츠 안에서 자연스럽게 자신의 작품을 소개할 수 있다.

강조 표현

마지막으로, 글의 중요성을 강조하기 위해 헤드라인에 어떤 표현을 추가할 수 있을지 항상 고민해보자. 예를 들어, 단순히 '7가지 방법'이 아닌 '잘 알려지지 않은 7가지 방법' 또는 '작지만 강력한 7가지 방법'이라고 표현할 수 있다. 이런 작은 변화만으로 헤드라인이 더 돋보이고 독자들에게 더 강력한 약속을 전달할 수 있다. 다음은 이를 효과적으로 활용한 예시들이다.

- "고성장 스타트업 창업자에게 배우는 3가지 핵심 비즈니스 교훈"

- "당신의 비즈니스 관점을 영원히 바꿀 일류 벤처캐피털 기업들의 필승 전략"
- "학교에서는 절대 가르쳐주지 않는 삶의 9가지 놀라운 진실"
- "2019 TED 콘퍼런스가 밝힌 눈부신 통찰, 다음 성공 신화의 주인공은 당신이다"
- "첫 투자 유치 직후 창업자가 흔히 저지르는 뼈아픈 실수 11가지"
- "조용히 세상을 바꾸는 중인 떠오르는 생명공학 트렌드 4가지"

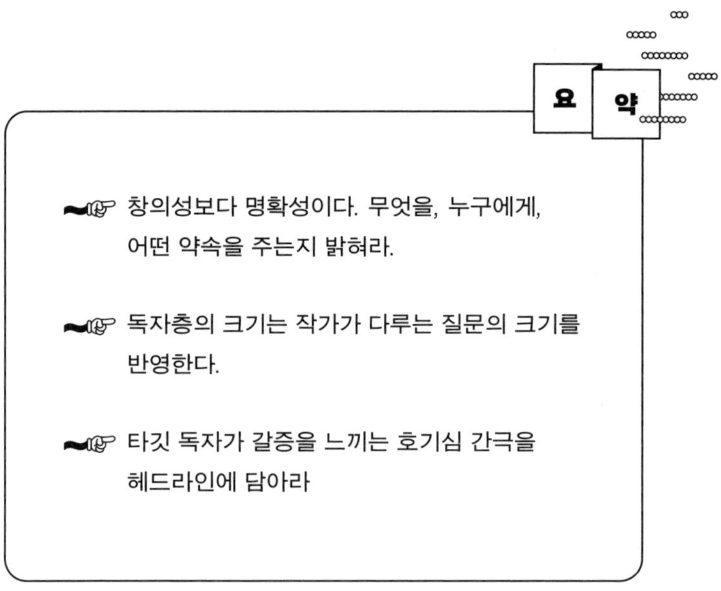

이탈률을 '0'으로 만드는
콘텐츠 구조화

콘텐츠 글쓰기에 정답은 없다. 인터넷에서는 매일 새로운 작가가 등장하고, 그만큼 새로운 규칙이 생겨난다. 그래서 이 게임은 늘 역동적이며, 창작자들은 긴장을 늦출 수 없다. 예술은 시대를 반영하기 마련이다. 오늘날 작가들은 그 어느 때보다 주의력이 부족한 세상에서 경쟁하고 있다. 따라서 오늘날 번창하는 글쓰기 스타일은 독자의 시간을 최대한 아끼며 빠르게 전개되는 스타일이다.

다섯 문장을 세 문장으로 줄일 수 있다면, 두 문장으로 표현하도록 노력하라. 두 문장으로 줄일 수 있다면, 한 문장으로 표현하도록 노력하라. 성공적인 온라인 콘텐츠는 대부분 다음과 같은 기본 구조를 따른다.

- 섹션 1: 서론
- 섹션 2: 본론(핵심 요점)
- 섹션 3: 결론

독자가 헤드라인을 클릭하는 순간부터, 글은 독자의 불안한 주의력과 싸워야 한다. 독자는 시시각각 자문한다. '왜 내가 이걸 아직도 읽고 있지? 그럴 만한 가치가 있나?' 독자에게는 글을 계속 읽어야 할 이유가 필요하다. 이제 독자의 관심을 사로잡고 끝까지 유지하는 방법을 이야기해보자.

❶ 서론 쓰기의 기술

서론의 역할은 독자가 품는 세 가지 질문에 모두 답하는 것이다.

- 무엇에 관한 글인가?
- 나를 위한 글인가?
- 믿을 만한 약속을 하고 있는가?

첫 문장은 글 전체에서 가장 중요한 문장이라고 해도 과언이 아니다. 첫 문장은 쉽고 명료하며 이야기로 초대하는 듯한 느낌을 주어야 한다. 30자 이내의 첫 문장으로 글 전체의 요점을 파악할 수 있다면 가장 좋다.

- "사람들은 내가 매일 1만 단어씩 쓴다고 하면 믿지 않는다."
  (내 칼럼 「매일매일 1만 단어 쓰는 법」의 첫 문장)
- "성공은 순식간에 이뤄지지 않는다." (내 칼럼 「큰 결과로 이어지는 19가지 작은 습관」의 첫 문장)
- "부자가 되는 방법은 단 두 가지다." (내 칼럼 「100명 중 99명은 이 습관 때문에 부자가 못 된다」의 첫 문장)

첫 문장으로 '무엇에 관한 글인가?'에 답했다면 이제 남은 두 질문, 즉 '나를 위한 글인가?'와 '믿을 만한 약속을 하고 있는가?'에 답해야 한다. 그러나 시간이 많지 않다. 서론은 짧고 강력해야 한다. 이를 위해 활용할 효과적인 서론의 리듬이 몇 가지 있다.

서론 구조 ① 1:3:1

1:3:1 구조는 강력한 첫 문장, 중간 문장 셋, 다시 강력한 마무리 문장으로 구성된다. 시각적으로 간결하며, 독자의 시간과 편

의를 중시하는 인상을 준다. 반대로 독자가 글을 클릭하자마자 다섯 문장이 빼곡한 단락이 등장한다면 어떨까? 읽기도 전에 피로감이 몰려온다. 서론부터 독자에게 그런 부담을 주면 실패다. 다음은 내가 쓴 「일찍 성공하는 사람들은 삶에 이렇게 접근한다」로 보는 1:3:1 구조의 예시다.

인생은 결국 관점의 문제다.
사람에 따라 같은 상황도 전혀 다르게 받아들일 수 있다. 인생의 어려움 속에서 누군가는 손해를 보고 누군가는 기회를 보며, 누군가는 자신을 피해자로 보고 누군가는 개척자로 본다. 그러니 진정 원하는 삶을 살고 싶다면 내가 보는 세상이 전부가 아닐 수 있다는 사실을 먼저 인정해야 한다.
그렇다면 이제, 인생이 결국 세상을 바라보는 관점에 달렸다는 전제 아래, 작지만 강력한 시각의 전환들을 함께 살펴보자.

마무리 문장은 서론을 자연스럽게 매듭지으면서 동시에 본론으로 넘어가는 다리 역할을 한다. 독자들은 첫 관문을 통과했다는 만족감과 함께 본격적인 내용을 기대하며 스크롤을 내리게 된다.

서론 구조 ② 1:5:1

　1:5:1 구조는 기본적으로 1:3:1과 같지만, 중간에 한두 문장
더 필요할 때 적합하다. 다만 중간 문장이 5개를 넘어 7개, 8개까지
늘어난다면 한 번에 너무 많은 내용을 전달하려 하거나 불필요하
게 장황해지고 있다는 신호다. 만약 중간 단락이 불가피하게 길어
진다면 첫 문장과 마무리 문장을 더욱 짧게 써서 부담을 상쇄하는
것이 좋다. 다음은 내 글 「프리랜서가 창업가와 다른 이유」로 보는
1:5:1 구조의 예시다.

> 회사를 그만두고 창업에 도전하는 사람들의 꿈은 '일과 삶의 균
> 형'을 이루는 것이다.
> 1년 반 전, 나는 회사에서 9시부터 5시까지 일했다. 출퇴근에 한
> 시간씩 걸려 사실상 8시부터 6시까지 회사에 묶여있었다. 바쁜
> 날은 7시, 8시까지 잔업을 하고서야 퇴근할 수 있었다. 집에 돌아
> 와 침대에 가방을 던지고 책상에 앉으면 하루가 이미 끝났다는 우
> 울한 현실이 몰려왔다. 겨우 저녁을 챙겨 먹고 잠들기 전 짧게 글
> 을 쓰는 것이 전부였고, 다음 날이면 똑같은 일상이 반복됐다.
> 그래서 내 사업을 하면 더 열정적으로 살 수 있으리라 믿었다.

　다시 강조하지만, 이러한 서론 구조의 목적은 독자의 편의를

고려한다는 인상을 주는 것이다.

서론 구조③ 1:3:2:1 및 1:5:2:1

콘텐츠 글쓰기의 기본 구조는 1:3:1과 1:5:1이다. 이 구조에 익숙해지면 글의 리듬을 조금 더 확장할 수 있다. 서론을 더 길게 쓰고 싶다면, 문장대신 단락을 추가하는 편이 효과적이다. 콘텐츠 글쓰기는 내용, 주장, 설명을 명확히 구분하는 것이 관건이다.

이럴 때 활용할 수 있는 구조가 1:3:2:1 또는 1:5:2:1이다. 기본 구조에 단락 하나를 더 추가한 형태다. 중요한 점은 여전히 시작과 끝을 각각 한 문장으로 유지하는 것이다.

서론 구조④ 1:4:1:1

1:4:1:1 구조가 효과적인 이유는 마지막에 강한 메시지를 한 번이 아닌 두 번 전달하기 때문이다. 1:3:1 기본 구조에 한 문장을 더함으로써 리듬이 달라진다. 내용이 크게 바뀌는 것은 아니지만 문장을 어떻게 배치하느냐에 따라 몰입감이 달라진다. 1:3:1도 강력한 구조지만, 1:4:1:1은 결론부에 힘을 더 실어 글쓴이의 주장이 더욱 선명하게 느껴진다. 다음은 내가 쓴 「실패를 통해서만 배울 수 있는 중요한 인생 교훈 6가지」로 보는 1:4:1:1 구조의 예시다.

실패 없이는 인생을 배울 수 없다.

누군가를 실망시킬 때 우리는 잘못을 뉘우친다. 기대만큼의 결과를 내지 못했을 때 성장해야 할 부분을 깨닫는다. 압박감에 무너지는 순간에 비로소 자신의 약점과 마주한다. 모든 실패에는 교훈이 있으며, 결국 목표를 이루는 사람들은 실패의 순간들을 업보가 아니라 기회로 받아들인다.

안타깝게도, 그렇다고 해서 깨달음의 과정이 덜 고통스러워지지는 않는다.

인생의 교훈들은 넘어지고 다시 일어서지 않고서는 배울 수 없다.

앞선 구조들과 마찬가지로, 첫 단락에 내용을 조금 더 추가해 서론을 확장할 수도 있다. 1:5:1:1이나 1:6:1:1 역시 효과적이다. 하지만 1:7:1:1처럼 지나치게 길어지면 독자가 부담을 느끼며 서론을 끝까지 읽지 않을 수도 있다.

서론 구조⑤ 1:3:1 + 1:3:1

서론은 일곱 문장을 넘지 않는 것이 좋다. 하지만 부득이 길게 써야 한다면, 긴 서론을 짧아 보이게 만드는 요령이 있다. 바로 1:3:1 구조를 두 번 반복하는 것이다. 1:3:1+1:3:1이 효과적인 이유는 두 가지다. 첫째, 1:3:1 형태는 시각적으로 깔끔해 가독성이 좋다. 둘째, 글쓴이 스스로 글을 덩어리 단위로 인식할 수 있다.

첫 번째 덩어리에서는 무엇을 말할 것인가? 두 번째 덩어리에서는 무엇을 더할 것이며, 그것이 왜 필요한가? 이렇게 덩어리 단위로 생각하면 글이 훨씬 강력해진다. 다음은 내 글「고성장 스타트업 직원에게 필요한 8가지 소프트 스킬」로 보는 1:3:1+1:3:1 구조의 예시다.

스타트업에서 일하려면 특별한 자질이 필요하다.

스물여섯 살 무렵, 나는 절친한 친구와 회사를 차리기로 했다. 친구는 MBA 과정을 마무리하는 중이었고, 나는 광고회사 카피라이터 일을 그만두고 새로운 도전을 시작한 상태였다. 몇 주에 한 번씩 친구가 시카고(내가 사는 곳)로 오거나, 내가 애틀랜타(친구가 사는 곳)로 가서 서로의 소파에서 자며 첫 발걸음을 어떻게 내디딜지 구상했다.

그렇게 우리는 '디지털프레스'를 런칭했고, 설레는 마음으로 첫 직원을 채용하게 되었다.

그는 친구가 추천한 프리랜서 작가였다. 드류와 내가 직접 하던 콘텐츠 작업을 맡길 사람이 필요했다. 우리는 그를 시카고 소호하우스 옥상 수영장으로 초대해 레드와인을 나누며 면접을 봤다. 그는 판타지와 SF 소설가였고, 우리에게 필요한 비즈니스 글쓰기와는 거리가 멀었다. 하지만 젊고 미숙한 창업자였던 우리는 열정이 스킬보다 중요하다고 믿었다.

결국 우리는 그를 채용했고, 두 달 뒤 해고해야 했다.

여기서 한 가지 짚고 넘어가자. 첫 번째 덩어리(1:3:1)의 마지막 문장과 두 번째 덩어리(1:3:1)의 첫 문장을 하나의 '단락 제목(굵은 글씨)'으로 합치면 흐름이 훨씬 빨라진다. 위 예에서라면, **"그렇게 우리는 '디지털프레스'를 런칭했고, 설레는 마음으로 첫 직원을 채용하게 되었다"**가 단락 제목이 될 수 있다.

이렇게 하면 긴 서론도 시각적으로 소화하기 쉬운 덩어리로 나뉜다. 독자는 단락 제목을 이정표 삼아 자연스럽게 따라간다. 콘텐츠 글쓰기에서 단락 제목을 쓰지 않는 것은 손해다. 독자의 눈은 긴 문단보다 이정표를 먼저 찾기 때문이다. 단락 제목이 하나도 없는 글은 읽기 부담스럽다. 단락 제목이 많은 글은 쉽고 편안하게 읽힌다.

서론 구조⑥ 1:3:1 + 글머리표

서론의 기본 틀을 익혔다면, 글머리표를 활용해 글의 흐름과 속도를 높일 수 있다. 글머리표는 많은 정보를 짧은 시간에 선명하게 전달하는 도구다.

핵심은 나열이 아니라 압축이다. 길어질 설명을 글머리표로 바꾸면 빠르고 명확하게 전달된다. 다만 질 낮은 정보를 늘어놓으면 글머리표는 허술해 보인다. 독자는 압축된 형태의 '질 좋은 정보'를 원한다. 그래서 글머리표의 역할은 장황한 내용을 깔끔하게 줄이는 것이다.

다음은 내 글 「서른이 되기 전에 돈에 대해 반드시 알아야 할 5가지」로 보는 1:3:1+글머리표 구조의 예시다.

돈과 '경제적 자유'는 하나의 기술이다.

어렸을 때부터 '돈'을 제대로 아는 사람은 없다. 고등학교는 물론 대학교에서도 학생을 앉혀놓고 "잘 들어. 돈을 다루는 건 농구를 하거나 그림을 그리는 것과 다르지 않아. 훈련이 필요해" 하며 설명해주지 않는다.

그 결과, 돈은 여전히 많은 사람에게 거대한 미지의 영역으로 남아 있다.

· 돈을 더 버는 방법을 모른다.

· 돈을 덜 쓰는 방법도 모른다.

· 돈을 어떻게 저축해야 하는지도 모른다.

· 돈이 생기면 어떻게 써야 할지도 모른다.

서론 구조 ⑦ 1 + 단락 제목

요점을 바로 전달하고 싶다면 굳이 서론을 길게 끌 필요가 없다. 첫 문장으로 분위기를 잡고 곧바로 첫 번째 단락 제목(이정표)으로 넘어가면 된다. 다음은 내 글 「사회 불안증을 극복하고 자신감을 되찾게 한 4가지 사고 변화」로 보는 1+단락 제목 구조의 예시다.

> 사람들은 흔히 자신감을 타고나는 것으로 생각한다.
> **하지만 사실 자신감은 다른 성향들과 다르지 않다.**
> 더 인내심 있는 사람이 되고 싶다면 인내하는 연습을 해야 한다. 더 공감하는 사람이 되고 싶다면 공감하는 연습을 해야 한다. 더 배려심 있는 사람이 되고 싶다면 배려하는 연습을 해야 한다. 더 자신감 있는 사람이 되고 싶다면? 결국, 자신감 있게 행동하는 연습을 해야 한다.

어떻게 전개되는지 보이는가? 독자는 첫 문장을 읽자마자 글의 핵심부에 진입한 듯한 느낌을 받는다. 두 번째 문장이 단락 제목으로 굵게 표시되면 독자에게 '지금부터 본격적인 내용이 시작된다'고 알리며 자연스럽게 다음 문장으로 유도한다. 요약해보면, 효과적인 서론 구조는 다음과 같다.

- 1:3:1

- 1:5:1
- 1:3:2:1
- 1:5:2:1
- 1:4:1:1
- 1:3:1+1:3:1 (1:3:단락 제목:3:1)
- 1:3:1+글머리표
- 1+단락 제목

여기서 가장 중요한 공통점이 있다. 모든 구조가 한 문장으로 시작해 한 문장으로 끝난다는 것이다. 두 문장으로 시작하는 글은 힘이 약하다. 세 문장 이상으로 시작하면 독자를 지치게 한다. 한 문장으로 시작해 서너 문장으로 확장하고 다시 한두 문장으로 줄여라. 그러면 독자는 기분 좋게 파도를 타는 느낌으로 글을 읽게 된다.

❷ 본론 쓰기의 기술

이제 본론으로 들어갈 차례다. 본론은 독자가 헤드라인을 클릭한 이유다. 온라인 글의 독자는 흔히 서론을 훑거나 건너뛰고 첫 번째 요점부터 읽는다. 사실 글 전체를 읽지 않고 요점만 훑어본 뒤 읽을 가치가 있는지 판단하는 경우가 훨씬 더 흔하다.

온라인 글의 '적정 길이'는 2000~3000자다. 우리의 임무는 분량을 늘리지 않으면서 각 요점에 최대한 많은 가치를 담는 것이다.

흔히 발생하는 실수 중 하나는 각 요점에 얼마큼씩 쓸지 고려하지 않는 것이다. 그래서 나는 거꾸로 쓰기를 권한다. 서론을 쓰기 전에 먼저 요점을 나열해 글의 뼈대를 잡는 것이다. 글의 유형에 따라 요점의 형태도 달라진다. 의견이나 논평이라면 요점은 진술형 문장이 된다. 실용적 가이드라면 요점은 문장 또는 카테고리가 된다. 리스트라면 요점은 나열하고자 하는 항목(습관, 교훈, 영화, 책 등)이 된다. 다음은 내 글 「똑똑한 사람은 똑똑하게 태어나지 않았다. '이것'으로 똑똑해졌다」의 요점들이다.

- 똑똑한 사람은 많이 읽는다.
- 똑똑한 사람은 똑똑한 사람들과 어울린다.
- 똑똑한 사람은 실수를 즐긴다.
- 똑똑한 사람은 다양한 지식에서 가치를 발견한다.
- 똑똑한 사람은 아주아주 열심히 일한다.

나는 서론보다 이 다섯 가지 요점을 먼저 적었다. 글의 방향을 정하고, 각 요점에 얼마큼 쓸지 가늠하기 위해서다. 글의 적정 길이를 유지하려면 요점이 많을수록 각 설명은 짧아질 수밖에 없다. 반대로 요점이 적다면 글이 부실해지지 않도록 충분히 설명을 더해야 한다.

정리하면 간단하다.

요점이 많다면 각 항목은 짧게 설명한다.

요점이 적다면 각 항목은 길고 풍부하게 설명한다.

이렇게 글의 뼈대와 요점의 크기를 가늠했다면, 이제 각 부분을 채워 넣을 차례다.

본론 구조① 1:2:5:3:1+

요점이 3개 이하라면, 각 요점에 충분한 설명이 필요하다. 이럴 때 효과적인 구조가 1:2:5:3:1이다. 단언적인 문장으로 시작해 단언적인 문장으로 끝나며, 핵심 내용이 중간에 배치된다. 덕분에 독자가 길고 빽빽한 문단을 연달아 읽는 것처럼 느끼지 않는다.

시각적으로 이해하기 쉽게, 요점이 세 개인 글에 1:2:5:3:1 구조를 적용하면 다음과 같이 구성된다.

요점 1.

이 문장은 도입문이다.

이 문장은 도입을 명확히 한다. 이 문장은 독자가 관심을 가져야 하는 이유다.

이 문장은 요점을 확장하기 시작한다. 이 문장은 스토리 또는 신뢰할 만한 통찰이다. 이 문장은 그 통찰을 바탕으로 독자가 몰랐던 사실을 알려준다. 이 문장은 작은 결론이다. 이 문장은 그 결론이 중요한 이유다.

이 문장은 방금 말한 내용을 요약한다. 이 문장은 추가 정보나 통찰로 주장을 강화한다. 이 문장은 요점을 정리한다.

이 문장은 독자에게 중요한 교훈을 상기시킨다.

요점 2.

이 문장은 도입문이다.

이 문장은 도입을 명확히 한다. 이 문장은 독자가 관심을 가져야 하는 이유다.

이 문장은 요점을 확장하기 시작한다. 이 문장은 스토리 또는 신뢰할 만한 통찰이다. 이 문장은 그 통찰을 바탕으로 독자가 몰랐던 사실을 알려준다. 이 문장은 작은 결론이다. 이 문장은 그 결론이 중요한 이유다.

이 문장은 방금 말한 내용을 요약한다. 이 문장은 추가 정보나 통찰로 주장을 강화한다. 이 문장은 요점을 정리한다.

이 문장은 독자에게 중요한 교훈을 상기시킨다.

요점 3.

이 문장은 도입문이다.

이 문장은 도입을 명확히 한다. 이 문장은 독자가 관심을 가져야 하는 이유다.

이 문장은 요점을 확장하기 시작한다. 이 문장은 스토리 또는 신뢰할 만한 통찰이다. 이 문장은 그 통찰을 바탕으로 독자가 몰랐던 사실을 알려준다. 이 문장은 작은 결론이다. 이 문장은 그 결론이 중요한 이유다.

이 문장은 방금 말한 내용을 요약한다. 이 문장은 추가 정보나 통찰로 주장을 강화한다. 이 문장은 요점을 정리한다.

이 문장은 독자에게 중요한 교훈을 상기시킨다.

이 틀을 적용하면 글쓰기가 놀라울 정도로 수월해진다. 요점을 몇 개 다룰지, 각각을 얼마나 설명할지 파악할 수 있고, 3000자 이상의 긴 글이라도 같은 구조로 요점을 계속 확장하면 된다.

본론 구조② 1:3:1+

이제 요점이 세 가지 이상인 글을 생각해보자. 요점이 많다고 해서 글이 길어져야 하는 것은 아니다. 어떤 글이든 분량을 늘리기 위해 쓰는 글은 실패한 글이다. 인터넷에서는 빠를수록 유리하다.

앞서 말했듯, 요점이 많을수록 각 설명은 짧아져야 한다. 그래서 1:3:1 구조가 매우 효과적이다. 이 구조는 글쓴이가 '정말 중요한 내용'만 남기도록 만든다. 다음은 내 글 「말하지 않아도 교양 있어 보이는 12가지 행동」으로 보는 속전속결 1:3:1 구조의 예시다.

> **1. 지각하지 않기**
> 가장 간단한 기준이다.
> 지각은 무례한 행동이다. 운 좋게 상대도 늦지 않는 이상 예외는 없다. 못해도 정시에는 도착해야 한다.
> 내 경험상, 일부러 서두르지 않으면 늦는다.

이 단락만 보면 깊이가 부족해 보일 수 있다. 하지만 요점이 다섯 개 이상인 글에서 독자는 장황한 설명보다는 요점 자체를 더 원한다. 예시의 글은 12가지 요점을 다뤘다. 하나하나 길게 설명했다면 독자는 스크롤을 내리다가 '어우, 길어' 하고 떠나버릴 것이다.

그래서 나는 굵게 표시된 12개의 소제목만 훑고도 요점이 파악되도록 썼다. 이 글은 미디엄에서 큰 반응을 얻어 7일 만에 조회수 25만 회를 돌파했다.

본론 구조③ 1:1:1+

속도감으로만 따지면 한 문장이 최고다. 하지만 강력한 만큼 남용하기도 쉽다. 이 구조만으로 글을 채우면 부산스럽고 시끄러워 보인다. 글도 음악처럼 리듬이 다양해야 빛난다. 때로는 가파르게 고조되고, 때로는 부드럽게 잦아들어야 한다. 하나의 리듬만 계속되면 결국 지루해진다.

그래서 1:1:1+ 구조는 특히 강조하고 싶은 부분에만 사용해야 한다. 생각, 주장, 묘사를 강조할 때 효과적이며, 적절히 배치하면 독자들에게 깊은 인상을 남길 수 있다. 예를 들어, 나는 「내 인생의 방향을 바꾼 단 한 가지 일」이라는 글에서 '기간'을 강조하기 위해 이 구조를 사용했다.

> 말했듯이, 나는 그것을 2년 동안 했다.
> 3일도 아니고,
> 몇 주도 아니고,
> 2년 내내 말이다.
> 그제야 내가 어떤 사람이 되고 싶은지, 무엇을 이루고 싶은지와는 거리가 먼 사람들과 어울리고 있었다는 것을 깨닫기 시작했다. 좋은 아이디어는 잘 떠올리지만, 그것을 끝까지 완수하는 능력은 형편없다는 것도 알게 되었다. 왜 그동안 친구를 사귀는 게 어려웠는지, 스스로 얼마나 세상과 담을 쌓고 살았는지도 비로소 이해하게 되었다.

보다시피 1:1:1+ 구조 뒤에는 긴 문단이 이어진다. 의도적인 배치다. 1:1:1+ 구조는 글에 속도를 붙여 독자를 A에서 B로 단숨에 이동시킨다. 이제 독자는 잠시 숨을 고르고 내용에 천천히 머물 시간이 필요하다. 그래서 1:1:1+ 로 고조된 분위기를 3~5문장으로 이뤄진 문단으로 부드럽게 가라앉힌다. 이 리듬을 반복하면 된다.

본론 구조④ 요점+1~3

이제 요점이 20개인 글을 상상해보자. 20개 모두 깊이 있는 해설이 필요한 게 아니라면, 요점당 세 문장을 넘기지 않는 것이 좋다. 그래서 각 요점에 딸린 내용이 단 두 문장이라도 반드시 가치가 있어야 한다. 많은 독자가 굵게 표시된 요점만 훑어보고 갈 것이다. 뒷받침하는 몇 문장을 어떻게 살릴지가 중요하다.

2000자짜리 글에서 요점이 20개라면, 서론과 결론을 제외하더라도 요점당 100자밖에 쓸 수 없다. 그래서 글을 쓰기 전에 요점을 먼저 나열해보라는 것이다. 나는 「성장에 대해 아무도 말해주지 않는 20가지」에서 이 구조를 사용했다.

이런 글에서 가장 중요한 것은 요점이다. 독자가 이 헤드라인을 클릭한 이유는 '20가지'가 궁금했기 때문이다. 그래서 나는 요점 자체를 선명하게 쓰는 데 집중했다. 만약 요점이 추상적이거나 모호했다면 이 글은 조회수 30만 회를 기록하지 못했을 것이다. 다음 두 가지를 비교해보라.

> **1. 사람들은 대부분 상상하기를 두려워한다.**
>
> 그들은 자기 내면의 아이와 단절되어 있다. 스스로 '창의적인' 사람과는 거리가 멀다고 생각하며 지금 내 모습이 최선이라고 믿는다.
>
> **2. 내 꿈은 나에게만 의미가 있다.**
>
> 몇몇 사람은 관심을 보이거나 응원해줄 수 있지만, 그 누구도 나만큼 내 꿈을 신경 쓰지 않고, 앞으로도 그럴 것이다.
>
> **3. 친구 관계는 세월에 따라 변한다.**
>
> 대부분의 친구는 특정 시기, 특정 관심사에 맞춰 함께한다. 새로운 길을 걷거나 우선순위가 바뀌면 관계도 자연스럽게 변한다.

> **1. 상상**
>
> 그들은 자기 내면의 아이와 단절되어 있다. 스스로 '창의적인' 사람과는 거리가 멀다고 생각하며 지금 내 모습이 최선이라고 믿는다.
>
> **2. 꿈**
>
> 몇몇 사람은 관심을 보이거나 응원해줄 수 있지만, 그 누구도 나만큼 내 꿈을 신경 쓰지 않고, 앞으로도 그럴 것이다.
>
> **3. 친구 관계**
>
> 대부분의 친구는 특정 시기, 특정 관심사에 맞춰 함께한다. 새로운 길을 걷거나 우선순위가 바뀌면 관계도 자연스럽게 변한다.

이렇게 요점이 한 단어로만 적혀 있으면 훑어 읽기가 훨씬 어렵다. 요점이 '답'이 아니라 '힌트'에 머물기 때문이다. 결국 독자는 모든 단락을 읽어야 의미를 파악할 수 있다. "제대로 읽어야지!"라고 말하는 고지식한 작가도 있겠지만, 콘텐츠 글쓰기에서 독자를 붙잡는 방식은 다르다. 한눈에 요점이 이해돼야 한다. 그렇지 않으면 독자는 첫 번째 요점조차 읽지 않는다.

본론 구조⑤ 단락 제목 강조하기

리스트 형태가 아닌 글에도 앞서 소개한 구조와 리듬은 그대로 적용된다. 요점이 개별 문장으로 흩어져 있다면, 굵은 글씨를 활용해 이정표를 선명하게 제시할 수 있다.

많은 온라인 작가가 단락 제목의 힘을 과소평가한다. 단락 제목을 쓰지 않는 것만으로도 손해인 줄 모른다. 굵게 표시된 문장은 온라인 독자에게 '시간 낭비하지 않고 중요한 내용을 바로 짚어드리겠습니다'라는 신호다. 잘 짜인 글이라면 독자는 단락 제목만 훑어보고도 핵심을 파악할 수 있다. 다음은 내 글 「여가를 어떻게 보내느냐가 성공을 결정한다」의 일부다.

자신에게 투자하라.

얼마 전, 친구의 친구를 만났다. 대학 진학을 앞둔 고등학교 3학년 학생이었다.

"완전히 새로운 사람이 되고 싶어요. 남들 따라 사는 게 답은 아니라는 걸 증명하고 싶어요."

"가능해." 내가 말했다. "하지만 그러려면 네 또래 대부분이 하지 않는 한 가지를 기꺼이 해야 해."

"그게 뭔데요?"

수업 시간보다 수업 외 시간에 더 많이 배워라.

이 조언은 학생이든 직장인이든 누구에게나 해당한다. 우리는 매일 수업을 듣거나 일을 한다. 그 시간 동안 배우고 성장하고 돈까지 번다.

하지만 성공하는 사람들은 거기서 멈추지 않는다. 하교하거나 퇴근하면서 '아, 이제 놀아야지'라고 생각하지 않는다.

그들은 그 '자유 시간'을 자신에게 재투자한다.

사이드 프로젝트를 진행한다.

전문성을 개발한다.

실력을 키우고, 공부하고, 더 많이 아는 사람들에게 배운다.

이 글은 굵게 표시된 단락 제목이 없었다면 완전히 다르게 읽혔을 것이다. 요점이 묻히고, 영향력과 무게감이 크게 떨어졌을 것이다.

콘텐츠 글쓰기는 시각적인 글쓰기다. 이 특성을 잘 이해하고 활용하면 독자의 관심을 끌고 유지할 수 있다.

본론 구조 ⑥ 짧게:길게:길게:짧게

문단의 길이로 글을 설계하면 훨씬 다양한 리듬을 만들 수 있다. 다음은 내 글 「목표를 이루는 사람들의 7가지 습관」의 일부다.

목표는 누구나 세울 수 있지만, 그 목표를 이룰 만큼 자기 관리가 철저한 사람은 소수에 불과하다.

나는 철저한 자기 수양을 강조하는 가정에서 자랐다. 외과 의사인 아버지는 매일 밤 다음 날 먹을 커피와 오트밀을 준비해두고 잠자리에 들었다. 기상은 어김없이 새벽 5시 반이었다. 6시에 운동을 하고 7시에 내 방문을 두드려 날 깨웠다. 그리고 8시면 병원에 도착해 수술 준비를 했다.

한편 어머니는 지역 대학교에서 성악 강사로 일하면서 우리 4남매의 바이올린 레슨, 체조 훈련, 체스 클럽에 꼬박꼬박 데려다주었다. 저녁 5시면 식탁에 저녁밥을 차려놓았고 저녁 7시면 우리의 숙제와 악기 연습을 일일이 챙겼다.

우리 집은 마치 어머니의 지휘 아래 운영되는 예술 수련장 같았다.

보다시피 두 번째와 세 번째 문단은 길이가 비슷하지만, 전자는 여섯 문장, 후자는 두 문장이다. 왜 이렇게 썼을까?

첫째, 긴 문단을 세 개 이상 연이어 쓰는 것은 피해야 한다.

둘째, 긴 문단을 이어 써야 한다면 내부 리듬에 변화를 줘야 한다. 한 문단은 짧고 강한 문장들로, 다음 문단은 길고 차분한 한두 문장으로 구성하는 식이다. 그래야 글이 무겁고 지루해지지 않는다.

마지막으로, 위 예시를 보면 긴 문단들 앞뒤로 짧은 문장이 배치되어 있다. 이는 '다음 내용으로 넘어가기 전 잠시 숨을 고르라'는 신호다. 긴 설명 뒤에 오는 짧은 한 문장은 음악이 잦아들 듯 자연스럽게 문단을 마무리한다.

본론 구조 ⑦ 반복

반복은 다양한 글에서 활용할 수 있다. 반복을 사용하면 정보 전달 속도가 빨라져 독자의 시간을 절약할 수 있다. 쉽게 말해 반복은 문장 형태의 글머리표다. 다음은 내 글 「일찍 성공하는 사람들은 삶에 이렇게 접근한다」의 일부다.

> **1. 매일 매 순간 우리는 무언가를 '습관화'하고 있다.**
>
> 아침마다 치실을 하지 않으면, 치실을 하지 않는 것이 습관이 된다.
>
> 달콤한 시리얼 대신 퀴노아와 채소를 먹으면, 맛보다 영양을 챙기는 것이 습관이 된다.
>
> 연인에게 소리를 지르면, 다혈질이 습관이 된다.
>
> 글쓰기 대신 TV를 켜면, 작가의 꿈을 미루는 것이 습관이 된다.
>
> 세상을 이런 관점으로 바라보기 시작하면 우리가 매일 무언가를 습관화하고 있다는 사실을 깨닫게 된다. 그리고 그 습관을 얼마나 의식하느냐에 따라 목표에 가까워지거나 멀어진다.

여기서는 1:1:1:1 구조와 반복을 결합해, 독자들이 긴 문단을 읽지 않고도 공감할 만한 예시를 빠르게 제공했다. 일정한 반복 후에는 길고 설명적인 문단을 배치해 리듬에 변화를 줬다.

본론 구조 ⑧ 첫째, 둘째, 등등

두 가지 요점을 단순히 나열한 글과, 하나씩 명확히 구분해 강조한 글 사이에는 미묘하지만 확실한 차이가 있다. 이런 작은 디테일을 의식하는 습관이 서술 효과를 크게 높인다. 다음은 내 글 「이렇게 하면 오히려 생산성이 떨어진다」의 일부다.

통념과 달리, '지나치게 열심히 하는 것'도 문제가 될 수 있다.
두 가지 관점에서 살펴보자.

첫째, 들이는 노력에 비해 결과가 변변치 않다면 '지나치게 열심히 하는 것'이다.

글쓰기를 예로 들어보자.

많은 사람이 책을 많이 읽는 것만으로도 생산적인 하루, 한 주, 한 달을 보냈다고 생각한다.

어쩌면 당신도 뛰어난 독서가라서 어려운 책도 빠르게 읽고, 읽은 내용도 잘 기억할 수 있다.

그러나 문제는 목표다. 목표가 '훌륭한 독서가'가 아니라 '훌륭한 작가'라면 인풋보다 아웃풋이 많아야 생산적이라고 할 수 있다.

아무리 뛰어난 독서가라도 '다독'만으로는 작가로 성장하는 데 분명한 한계가 있다.

결국 목표와 어긋나는 행동은 장기적으로 생산적이라 하기 어렵다.

둘째, 생산성이 삶의 질을 해친다면 역시 '지나치게 열심히 하는 것'이다.

위대한 성과에는 희생이 따른다.

인간관계를 일부 포기하고, 건강하지 못한 식사를 하고, 수면을 줄이고, 스트레스를 견디는 일도 필요할지 모른다. 그런 선택은 각자의 몫이지만, 목표를 향한 추진력이 삶의 다른 영역을 무너뜨리기 시작한다면 문제가 된다.

열정 때문에 병원에 실려 가거나, 가까운 사람이 눈물을 흘리는 순간 이미 선을 넘은 것이다. 삶의 요소는 어느 정도까지는 구부릴 수 있지만, 지나치면 부러진다. 어디까지 가능한지는 스스로 알아야 한다.

이처럼 각 요점을 단순히 나열하지 않고 '첫째, 둘째'로 구분해 제시하면, 독자에게 직접 말을 건네는 듯한 효과가 생긴다. 독자들은 글이 헤드라인에서 약속한 내용을 충실히 이행하고 있다고 느낀다.

또한 두 요점 모두 '지나치게 열심히 하는 것'이라는 표현을 반복한다. 169쪽의 예시에서도 "똑똑한" 사람은 ○○한다'라는 반복 구절을 사용했다. 이러한 반복은 글이 의도적으로 구성됐다는 인상을 주어 신뢰도를 높인다. 사실 이 장 전체도 같은 원리로 구성됐다.

1. 서론 쓰기의 기술
2. 본론 쓰기의 기술
3. 결론 쓰기의 기술

반복이다.

본론 구조 ⑨ 문장의 앞머리만 굵게

이 기법은 콘텐츠 글쓰기에서 흔치 않지만 내가 자주 사용하는 방식이다. 문장 앞부분을 굵은 글씨로 강조하고, 반복과 결합해보자. 콘텐츠 글쓰기의 핵심은 '신호'를 보내는 것이다. 이 글이 읽기 쉽다는 신호, 글쓴이가 허투루 말하지 않는다는 신호, 이 글에 재미와 리듬이 있다는 신호. 다음은 내 글 「내 글쓰기를 영원히 바꿔놓은 단 한 가지 팁」의 일부다.

> 몇 달 후, 그는 게임을 그만뒀고 나는 전미 톱 랭커가 되었다. 그때 배운 교훈은 지금도 인생에서 가장 값진 조언으로 남아 있다. 내가 동경하던 사람이 처음으로 알려준 진실이었다. 누군가를 우러러보기만 해서는 발전할 수 없다는 것.
>
> **10대 후반에 게임 블로그를 시작하면서** 나는 그 교훈을 실천했다. 다른 사람의 블로그를 읽기만 하며 시간을 보내지 않았다. 쓰고 또 썼다. 매일 밤 잠들기 전, 다음 날 올릴 글 하나를 반드시 작성했다. 대학 새내기 때에는 이미 매일 1만 명이 넘는 게이머들이 내 블로그를 찾고 있었다. 2009년, 블로깅은 '괴짜들의 취미'로 여겨지던 시절이었다.
>
> **게임을 접고 보디빌딩을 시작했을 때도** 같은 원칙을 지켰다. 다른 사람들의 운동 영상을 보며 시간을 허비하지 않았다. 그저 헬스장에 가서 몸을 움직였다. 그렇게 50킬로그램의 마른 몸에서 77킬로그램의 탄탄한 몸을 갖췄다.

보디빌딩을 그만두고 본격적으로 글을 쓰기 시작했을 때도 마찬가지였다. 3년 가까이 매일 쿼라에 답변 하나를 올렸고, 《Inc. 매거진》에 칼럼을 400편 이상 실었으며, 기업가, 창업자, 투자자, 연설가들을 위해 글을 1000편 가까이 대필했다. 그리고 매일 밤 첫 책 『10대 게이머의 고백』을 썼다. 몇 시간씩 남의 글을 읽기보다 직접 쓰며 연습했다.

각 문단은 서로 다른 시기를 다루고 있다. 만약 이 내용을 한 문단으로 묶었다면 독자는 혼란스러웠을 것이다. '게임? 보디빌딩? 글쓰기? 서로 무슨 상관이지? 왜 이렇게 중구난방이야?' 이 혼란을 막기 위해 각 시기를 분리하고 문장의 앞머리를 굵게 표시해 신호를 준 것이다. '이 문단은 게임, 이 문단은 보디빌딩, 이 문단은 글쓰기' 식으로 독자가 수월하게 따라갈 수 있도록 말이다.

굵게 강조한 문장은 오직 한 문단만 이끌어야 한다. 문장의 앞머리를 강조한다는 것은 곧 '이 문장은 이 문단 전체를 대표합니다'라는 신호다.

❸ 결론 쓰기의 기술

결론 쓰기는 까다롭다. 소설이든 논픽션이든, 결말은 '하강 국면'이다. 클라이맥스는 이미 지나갔다. 벽이 무너졌고, 전쟁에서 승리하거나 패배했고, 주인공이 사랑하는 이를 잃었다. 이제 독자는 그 후의 결과를 알아야 한다.

하강 국면은 상승 국면보다 흥미가 떨어지기 마련이다. 상승 국면은 추진력, 기대감, 긴장감이 있다. 반면 하강 국면은 성찰과 교훈에 초점을 맞춘다. 물론 성찰과 교훈도 충분히 흥미로울 수 있지만, 200쪽에 달하는 상승 국면 뒤에 30쪽 남짓한 하강 국면이 배치되는 데는 이유가 있다.

클라이맥스가 지나가면 독자는 급속히 흥미를 잃는다. **콘텐츠 글쓰기에서 결론은 선택 사항이다.** 사실 온라인 독자에게 결론은 필수 요소가 아니다. 특히 2000~3000자짜리 글에서 결론은 한 문단, 심지어 한 문장으로도 충분하다. 마지막 요점이 글의 '클라이맥스' 역할을 하기 때문이다. 그리고 온라인 독자는 '읽을 만큼 읽었다'고 느끼는 순간 남은 문장을 읽지 않고 다음 콘텐츠로 떠난다. 다음은 효과적인 결론에 활용할 수 있는 몇 가지 리듬이다.

결론 구조 ① 미완의 결론

독자가 내 다른 글도 읽게 만드는 가장 단순한 방법은, 궁금증을 남기고 끝내는 것이다. 이 구조는 특히 리스트형 글에서 효과적이다. 리스트의 목적은 독자의 관심사에 맞는 요점을 나열하는 것이다. 이미 헤드라인의 약속을 지켰고, 독자는 기대한 바를 얻었다. 그렇다면 더 이상의 장식은 필요 없다. 마지막 요점을 마무리하면서 글을 끝내라. 작별 인사조차 필요 없다. 내 글 「서른이 되기 전에 인생에 대해 알아야 할 30가지」의 마지막 요점은 다음과 같다.

십 년은 매우 긴 시간이다.

19~20세, 나는 래퍼가 되고 싶었다.

21~23세, 나는 보디빌더가 되고 싶었다.

24~26세, 나는 대형 광고 대행사의 총책이 되고 싶었다.

27~29세, 나는 기업가가 되고 싶었다.

그리고 17세부터 29세까지, 나는 작가가 되고 싶었다.

20대를 통틀어 나는 완전히 다른 네 가지 삶을 살아보았다. 네 분야의 업계에 몰두해 새로운 기술을 배우고, 새로운 사람들과 어울리며, 여러 경로를 탐험했다.

그리고 그 모든 도전이 '오늘의 나'를 만들었다.

십 년 동안 그렇게 다양한 경험을 했으니 30대와 40대에는 어떤 모습일까? 얼마나 다른 삶을 살아볼 수 있을까? 생각만 해도 설렌다.

십 년은 긴 시간이다. 나이가 들수록 지식, 자원, 자유는 늘어난다.

사람은 그만큼 원하는 모습으로 계속 변화할 수 있다.

나는 서른이라 늙었다고 생각하지 않는다.

오히려 이제 막 시작한 기분이다.

이 글에서 나는 따로 결론을 덧붙이지 않고 마지막 요점을 결론처럼 들리도록 썼다. 내가 약속한 내용은 '서른이 되기 전에 인생에 대해 알아야 할 30가지'였고, 그 약속을 충분히 지켰기 때문이다. 하지만 마지막 요점이 꼭 결론처럼 들려야 하는 것은 아니다. 나는 「성공한 사람들이 매일 자신에게 말하는 7가지」에서 이렇게 글을 마쳤다.

7. "초심을 잊지 말자."

위대한 성과를 이룬 사람들은 여정을 시작할 때의 마음가짐을 소중히 간직한다.

이제 어디까지 왔는지가 아니라, 어디서 왜 시작했는지를 자주 되새긴다.

그들의 원동력은 결과가 아니라 성장 자체에 있다.

그것이 성공을 유지하는 힘이다.

이렇게 여운을 남기고 끝내면, 더 영감을 얻고 싶은 독자는 내 다른 글을 찾아 클릭할 것이다. 이것이 바로 '미완의 결론'이 지닌 힘이다.

결론 구조② 마지막 요점 확장

글을 마무리하는 또 다른 방법은, 결론을 마지막 요점에 자연스럽게 녹여내는 것이다. 마지막 요점에 한 문장이나 한 문단을 덧붙여 생각을 확장하라. 글 전반의 시사점까지 담을 수 있다. 나는 「더 나은 사람이 되기 위해 스스로 물어야 할 7가지 질문」에서 마지막 요점을 다음과 같이 확장했다.

> **7. "어떻게 하면 주변 사람들과 나 자신에게 더 잘할 수 있을까?"**
> 오랜 시간 끝에 깨달았다. 모두의 행복을 위해 애쓰느라 내 시간을 전부 쓸 수는 없다.
> 내 행복도 그만큼 중요하다.
> 따라서 둘 중 하나를 선택하는 것이 아니라, 양쪽을 함께 고민해야 한다.
> 타인을 응원하고 기다려주듯, 자기 자신도 응원하고 기다려줘야 한다.
> 자기계발에는 끝이 없다. 목적지도 없다. 한 번의 노력으로 완성되는 지름길도 없다. 매일 이런 질문을 스스로에게 던지고 어제보

다 좀 더 나아지는 것, 그것이 자기계발이다. 흐르는 물이 바위를
천천히 깎아내듯, 우리도 시간 속에서 서서히 다듬어진다.

나는 마지막 요점 뒤에 "자기계발에는 끝이 없다"라는 문장으
로 결론을 시작했다. 요점과 결론이 자연스럽게 이어지며 글은 자
연스럽고 깔끔하게 마무리된다.

결론 구조③ 요약

요약 기법은 특히 실용적 가이드나 긴 글에서 효과적이다. 독
자들은 요약을 좋아한다. 대부분의 실용서가 각 장의 끝을 '요약'
이나 '실천 방안' 페이지로 마무리하는 데는 이유가 있다. 방대한
내용을 다루거나 설명이 길어질수록, 요약은 다음 내용으로 넘어가
기 전에 작가와 독자가 같은 페이지에 있는지 확인하는 좋은 방법
이다. 나는 「이렇게 하면 오히려 생산성이 떨어진다」에서 글머리표
요약으로 글을 마무리했다.

> 결국 '생산성'이란 다음 요소들의 균형을 맞추는 일이다.
> · 인풋 대비 아웃풋: '소비'보다 '실천'에 시간을 써야 한다.
> · 생산성과 지속가능성의 균형: 몸, 마음, 감정, 영혼의 건강을 지켜야 한다.
> · 최소한의 노력으로 최대의 성과 내기: 당장 급한 일보다 진짜 중요한 일에 집중해야 한다.
> 이런 균형점을 찾느냐, 못 찾느냐가 같은 시간을 쓰고도 누구는 뛰어난 결과를 내고 누구는 제자리걸음을 하는 이유다.

이처럼 요점을 일목요연하게 정리하면 독자는 마치 요약본을 받은 듯한 만족감을 느낀다. 그리고 마지막에 모든 내용을 관통하는 한 문장으로 마무리하면 된다. 이 방식은 결론뿐 아니라 서론이나 본론의 마지막에도 활용할 수 있다.

독자들은 점검표, 실천 방안, 빠른 요약, 핵심 정리를 좋아한다. 잘 활용하면 독자의 이해도와 만족도를 동시에 높일 수 있다.

결론 구조④ 강력한 의견

글을 완전한 결론으로 마무리하고 싶다면, 강력한 의견을 담아도 좋다. 훌륭한 결론은 독자에게 새로운 통찰이나 명확한 행동 지침을 제시한다. 실천 가능한 조언이나 신선한 관점은 결론을 또 하나의 요점처럼 느끼게 한다. 다음 글은 「게리 베이너척의 명상에 대한 생각이 왜 잘못되었는가: 스타트업계의 왜곡된 마음챙김」의 결론부다.

> **성공하기 위해 억지로 자신을 바꿀 필요는 없다.**
>
> 베이너척은 자주 이렇게 말한다. "실제로 뉴욕 제츠 구단주가 되면 어떻게 될지 모르겠어요. 사실 꼭 제츠를 사고 싶은 것도 아니에요. 저는 그 목표를 이루는 과정, 게임 자체가 즐거워요."
>
> 하지만 그 게임이 끝나면 어떻게 될까?
>
> 더는 새로운 규칙도 없고, 이겨낼 난관도 없고, 다른 사람에게 자신을 증명할 기회도 없다면? 명상에 좋다는 새로운 음료도, 옷도, 식단도 모두 시들해졌다면?
>
> 모든 것은 결국 시들해지고, 고요한 시간이 찾아온다.
>
> 아무것도 이룰 게 없는 그 순간, 남는 것은 오직 자기 자신뿐이다.
>
> 그것이 바로 명상의 진짜 의미다.
>
> 그래서 나는 사업가뿐만 아니라 모든 사람이 이런 시간을 가져보길 권한다.

이 결론이 강력한 이유는 "성공하기 위해 억지로 자신을 바꿀 필요는 없다"라는 조언 자체가 하나의 요점이기 때문이다.

이것이 내가 '미완의 결론'을 신봉하는 이유다. 우리가 쓰는 모든 글은 독립적인 글이면서 동시에 더 큰 작품 세계로 이어지는 문이어야 한다. 독자가 가장 흥미로워하는 지점에서 글을 끝내라. 독자가 다음 글을 스스로 찾아오게 만들어야 한다.

게으른 작가들은 이렇게 글을 끝낸다. '더 자세한 내용은 제 웹사이트에서 확인하세요.' '제 생각이 궁금하다면 제 유튜브 채널로 오세요.' 독자들은 이런 결론을 몹시 싫어한다. 하나의 글 안에서 할 말을 충분히 하되, 여운을 남겨라. 말을 더 할 수 있는데 멈춘 것처럼. 그 여운이 독자의 흥미를 유지시킨다.

독자를 위한 단어 선택

마지막으로 중요한 원칙을 짚고 넘어가자. 앞서 설명한 모든 구조와 리듬도 단어 선택에 따라 완전히 다른 글이 된다. '이 글 한번 읽어보세요'와 '부디 본 글을 일독하시길 바랍니다'는 같은 뜻이지만 느낌은 전혀 다르다.

온라인 독자들은 어려운 표현을 싫어한다. 물론 학술적인 글이라면 전문 용어가 필요하다. 하지만 대부분의 온라인 독자는 소셜 미디어 피드를 넘기다가 우연히 글을 발견한다. 따라서 쉽고 자연

스럽게 읽히는 단어를 선택해야 한다. 글의 수준을 낮추라는 뜻이
아니다. 잘 읽히는 글을 쓰라는 뜻이다. 다음은 단어 선택에 대한 기
본 규칙이다.

- **일반 독자를 위해 써라.** 학술적인 글을 쓴다면 독자층이 좁다
  는 사실을 감수해야 한다. 하지만 많은 사람에게 널리 읽히
  고 싶다면 쉽게 써라. 세미콜론은 피하고(어차피 어떻게 쓰는지
  도 모르는 사람이 많다), 어려운 단어는 더 쉬운 단어로 바꿔라.
- **말하듯이 써라.** 어떤 주제를 설명하는 모습을 녹음하고 그대
  로 글로 옮겨보라. 전문가처럼 보이려 애쓸수록 오히려 진
  정성이 떨어진다. 자기 목소리로 쓰는 글이 공감과 신뢰를
  얻는다.
- **긴 문장은 피하라.** 의도적인 리듬이 아니라면 짧고 명확하게
  쓰는 편이 좋다. 문장이 길어질수록 독자는 집중력을 잃는
  다. 온라인 독자는 빛의 속도로 글을 훑는다는 사실을 기억
  하라.
- **문장 길이에 변화를 주라.** 문장과 문단의 길이가 모두 비슷하
  면 글이 단조롭다. 짧은 문장 뒤에는 긴 문장을, 긴 문장 뒤
  에는 짧은 문장을 배치하라. 짧은 문단 뒤에 긴 문단이 오면
  글의 흐름이 살아난다. 모차르트도 말했다. "음악의 아름다
  움은 음이 아니라, 음과 음 사이의 침묵에 있다."

- **자신감 있고 단호하게 써라.** 많은 사람이 악플이 두려워 자신의 의견을 뭉뚱그린다. 하지만 글쓴이의 생각이 느껴지지 않는 글은 힘이 없다. 뚜렷한 관점이 있어야 기억에 남는다. 직설적으로 써라. 독자는 강하게 동의하거나 강하게 반대할 것이다. 어느 쪽이든 '시시하네'라는 반응보다는 훨씬 낫다.

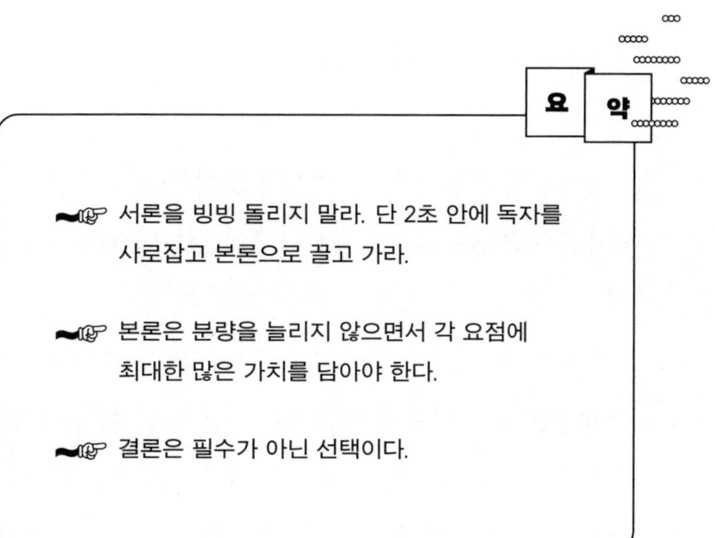

'황금 교차점'을 활용한
바이럴 로직

인터넷에서 자기 홍보는 역설의 법칙을 따른다.

- 자신을 많이 홍보할수록 주목은 줄어든다.
- 자신을 덜 홍보할수록 오히려 주목은 늘어난다.

온라인 작가들이 흔히 저지르는 실수가 있다. 주목받고 싶어서 자기 이야기만 하는 것이다. 이를테면 자사의 신제품을 알리고 싶어서 장점과 기능만 줄줄이 나열한다. 하지만 독자는 언제나 이렇게 생각한다. '그게 나에게 무슨 도움이 되지?' 사람들은 오직 자신의 관심사, 문제, 욕구에 집중한다. 그 지점을 건드리지 못하면 아무리 떠들어도 소용없다. 아무리 멋진 이야기라도 독자의 삶과 연결되지 않으면 잡음으로 들릴 뿐이다.

스토리의 주인공은 당신이 아니라 독자다.

그렇다고 절대 자기 이야기를 하지 말라는 뜻은 아니다. 적절한 자기 언급은 신뢰를 높이는 데 매우 효과적이다.

예를 들어, 부동산 트렌드 글이라면 "저는 수조 원 규모의 부동산 회사를 운영하고 있습니다"라고 밝히는 순간 독자는 그의 통찰을 훨씬 신뢰하게 된다. 신간 소개도 마찬가지다. "이 책은 제 여덟 번째《뉴욕 타임스》베스트셀러입니다." 이 한 문장만으로 '믿을 만한 작가'라는 강력한 신호를 줄 수 있다.

그런데도 많은 사람이 이런 자기 언급을 부담스러워한다. 과시처럼 보일까 봐 조심한다. 하지만 독자는 오히려 개인적 경험과 맥락을 원한다. 단순히 '나를 드러내기 위해' 말하는 것과 '독자에게 가치와 신뢰를 주기 위해' 말하는 것은 완전히 다르다.

나는 후자를 '황금 교차점'이라 부른다. 홍보처럼 보이지 않으면서 자신을 알리는 비결은 바로 이 '황금 교차점'을 찾는 것이다. 예를 들어 내가 "나는 쿼라에서 수천만 조회수를 기록했고 네 번이나 최고의 작성자로 선정됐다"라고만 말하면 자기도취에 빠진 사람처럼 보일 것이다.

하지만 "나는 쿼라에서 수천만 조회수를 기록했고 네 번이나 최고의 작성자로 선정됐다. 그 비결을 알려주겠다"라고 말하면 나는 독자에게 도움이 될 정보를 줄 수 있는 사람처럼 보일 것이다. 첫 번째 문장은 '내가' 주인공이고, 두 번째 문장은 '독자가' 주인공이다. 나는 단지 독자를 위해 맥락을 더했을 뿐이다.

훌륭한 글쓰기의 황금 교차점은 '독자의 질문에 답하기'와 '흥미로운 이야기 들려주기'가 만나는 지점이다.

자신의 이야기를 할 때도 원칙은 같다. 항상 독자에게 필요한 맥락을 더하는 것이다.

- 특정 기술을 설명할 때 → 그 기술을 배우는 과정
- 이별의 감정을 묘사할 때 → 본인이 겪은 실연
- 업계의 전망을 다룰 때 → 그 업계에서 일한 경험
- 정치 이야기를 할 때 → 정치에 관심을 두게 된 계기

핵심은 늘 같다. 먼저 독자가 얻을 것을 보여준다. '이 글을 읽으면 기술을 배우는 방법을 알 수 있다', '이 글을 읽으면 이별의 감정을 이해할 수 있다', '이 글을 읽으면 업계의 흐름을 그려볼 수 있다.'

그다음이 작성자의 경험이다. '나는 그 기술을 매일 4시간씩 연습해 터득했다', '나도 스물다섯 살 때 실연을 겪었기에 어떤 감정인지 잘 안다', '지난 몇 년간 업계 전문가 수백 명을 인터뷰한 결과…'.

자기 홍보의 기술

이제 제품을 홍보해야 하는 상황을 생각해보자. 예를 들어 한 작가가 『우리 집 채소농장: 한 달에 50달러로 부엌에 텃밭 만들기』를 막 자비출판했고, 온라인에 홍보 글을 올려 책 판매를 유도하려 한다. 흔히 벌어지는 패턴은 이렇다.

- **소셜플랫폼에 글을 올리지만 조회수가 형편없다.** '책까지 냈는데 왜 아무도 관심을 안 주지?'라고 생각한다. 플랫폼 알고리즘 때문이라고 불평한다.
- **다음으로, 전문 칼럼니스트에게 책을 소개해달라고 부탁한다.** 하지만 결과는 비슷하다. 사람들은 제품 소개 글에 관심이 없다. 독자의 관심사는 오직 자신의 욕구와 문제 해소뿐이다. '오늘은 어떤 광고를 읽어볼까?'하며 인터넷에 접속하는 사람은 없다.

- **결국 직접 홍보 글을 쓰기 시작한다.** "이번 여름에 꼭 읽어야 할 작은 텃밭 가꾸기 책"같은 제목을 달고 글을 쓴다. 독자 중심으로 써야 한다는 감은 있지만, 실제로는 어떻게든 아마존 구매 버튼으로 끌고 가려는 의도만 넘친다.

황금 교차점이 이 문제를 해결한다. 근본적인 문제는 '제품'을 주인공으로 삼았기 때문이다. 더 효과적인 홍보 방법은 이러하다. 텃밭 초보자가 흔히 저지르는 실수를 소개하고, 자신의 경험담을 자연스럽게 섞고, 집에서 채소를 키우며 얻은 교훈과 혜택을 드러내는 것이다. 황금 교차점은 언제나 독자를 최우선으로 둔다. 독자의 필요, 욕구, 문제, 궁금증을 먼저 해결한다. 그 뒤에 작가의 경험이 등장한다. 그 경험은 자랑이 아니라, 독자의 이해를 돕는 친절한 맥락이 된다. 책을 홍보하기 위해 쓸 수 있는 글의 예시는 다음과 같다.

- 집에서 처음 텃밭을 가꿀 때 흔히 저지르는 7가지 실수
- 한 달 50달러 미만으로 부엌에서 토마토를 키우는 법
- 마트에 가지 않고 자급자족하며 배운 단 하나의 인생 교훈

이런 헤드라인은 타깃 독자의 심리를 바로 건드린다. 텃밭 초보자의 고민, 궁금증, 꿈꾸는 라이프스타일을 정확히 찔렀기 때문이다. 그리고 이런 글 안에서 자신의 시행착오와 성공담을 풀어내

면 그 경험은 '증명'이 되어 독자의 신뢰를 얻는다.

자신이나 제품을 '맥락' 안에 배치하는 것이 곧 '홍보하지 않으면서 홍보하는' 비결이다.

그렇다면 〈집에서 처음 텃밭을 가꿀 때 흔히 저지르는 7가지 실수〉라는 글을 쓴다고 하자. 서너 번째 요점에서 이렇게 쓸 수 있다.

> 네 번째로 흔한 실수는 여러 채소를 한꺼번에 기르는 것이다. 나 역시 초기에 이 실수로 수백 달러를 날렸다. 『우리 집 채소농장: 한 달에 50달러로 부엌에 텃밭 만들기』에서도 다뤘지만, 토마토 재배법이 애호박이나 당근, 새싹 채소에도 그대로 통할 줄 알았고, 그게 얼마나 안일한 생각이었는지 뼈저리게 배웠다.

이 문단에서 가장 중요한 건 첫 문장이다. 독자의 궁금증이나 두려움을 정면으로 건드리며 시작하면, 이어지는 내용은 자연스럽게 그 이유를 뒷받침하는 증거가 된다. 독자는 작성자가 책을 홍보하려는 게 아니라, 필요한 맥락과 경험을 제공한다고 느낀다. 결국 독자가 궁금해하는 문제를 먼저 해결하는 글이기 때문에 더 많은 사람에게 읽힌다.

다음은 또 다른 예다. 한 광고대행사 대표가 유능한 콘텐츠 마케터를 채용하고 싶어 한다. 흔히 벌어지는 패턴은 다음과 같다.

- **먼저 SNS(페이스북, 인스타그램, 링크드인 등)에 채용 공고를 올린다.** "우리의 멋진 가족이 되어 주세요!" 하지만 사실상 광고 문구라 별 반응 없이 묻힌다.
- **그다음에는 여러 구직 사이트에 채용 공고를 낸다.** 그러나 상황은 비슷하다. 눈에 띄는 지원자는 좀처럼 나타나지 않는다.
- **답답한 마음에 전문 칼럼니스트를 통해 자사의 멋진 직장 문화를 소개한다.** 하지만 이 역시 효과가 미미하다. 회사의 직장 문화를 소개하는 글을 누가 즐겨 읽겠는가? 조회수는 겨우 몇백 회에 그친다.

결과적으로 시간, 노력, 비용을 들였지만 채용은 진전이 없다. 이 대표가 생각해야 할 것은 '회사 홍보'가 아니라 '타깃 독자의 관점'이다. 그들은 어떤 사람일까? 그들이 원하는 건 뭘까? 어떤 글이 그들의 삶과 욕구를 건드릴까? 콘텐츠 마케터를 찾고 싶다면 타깃 독자는 콘텐츠 마케팅을 잘 알고, 성장하고 싶고, 좋은 환경에서 일하고 싶은 사람들일 것이다. 그들을 끌어들일 만한 글은 다음과 같다.

- 노출, 전환율, 생산성을 10배 끌어올리는 콘텐츠 마케팅 도

구 6가지

- 모든 광고대행사가 자체 콘텐츠 마케팅 팀을 만들어야 하는 3가지 이유
- 프리랜서 콘텐츠 마케터를 위한 똑똑한 고객 확보 전략 9가지

콘텐츠 마케터라면 이런 글에 눈이 번쩍 뜨일 수밖에 없다. 더 많은 수입, 더 많은 자유, 더 많은 고객, 더 나은 실력이 그들의 바람이기 때문이다. 따라서 그들의 기대에 답해야 한다. 그렇다면 〈노출, 전환율, 생산성을 10배 끌어올리는 콘텐츠 마케팅 도구 6가지〉라는 글을 쓴다고 하자. 서너 번째 요점에서 이렇게 쓸 수 있다.

최고의 콘텐츠 마케터들은 데이터를 기반으로 성과를 측정하는 데 집착한다. 우리 회사는 매주 워크숍을 연다. 콘텐츠 마케터들이 모여 각 고객사의 월 검색량을 비교하고, 노출을 늘릴 방법을 함께 고민한다.

그 과정에서 팀원들은 혼자 해결해야 하는 부담감을 덜고, 새로운 마케팅 기법을 배우며 실력을 키운다. 예를 들어 이런 모임에서 나온 전략들을 보면…

이 방식은 '유능하지만 혼자 일하며 성장 고민을 하는 콘텐츠

마케터'의 마음을 정확히 건드린다. 만약 회사 자랑만 줄줄이 늘어
놓았다면 독자는 10명 중 1명도 끝까지 읽지 않을 것이다. 하지만
설명 속에 독자가 꽂힐 만한 장점을 자연스럽게 섞어 넣으면 효과
는 훨씬 크다.

결론은 간단하다. 나에 대해 '덜' 이야기할수록 더 많은 독자를
끌어들인다. 이야기의 주인공이 내가 아니라 독자이기 때문이다.

황금 교차점의 고급 버전은 '겸손한 자랑'이다. 화려한 디너 파티
에 가 보면 알 수 있다. 비즈니스 세계에서 사람들은 의도를 드러내
지 않고 자신을 어필하고 싶을 때 종종 이런 식으로 말한다.

좋은 지적이네요. 제가 선셋대로에서 디자인 회사를 하나 운영하고
있는데요, 참고로 말씀드리면 카니예 웨스트, 비욘세, 트래비스 스
콧… 거의 모든 유명 연예인들의 의상을 디자인하고 있습니다. 우리
가 디자인 트렌드에서 배운 점이 있다면…

'참고로 말씀드리면' 같은 표현은 일상에서 흔하다. 자신의 성
과를 슬며시 드러내어 신뢰도를 높이려는 방식이다. 적절히 쓰면
관심을 끌 수 있지만, 남용하면 끊임없이 자랑할 기회를 노리는 사
람처럼 보인다. 이 전략을 능숙하게 활용하려면 몇 가지 원칙을 따
라야 한다.

- **항상 독자를 우선하라.** 내용의 중심은 자기 이야기가 아니라 독자의 궁금증, 욕구, 목표여야 한다. 자기 언급은 한두 문장으로 충분하다. 적을수록 좋다.

- **주제와 관련된 정보만 말하라.** 콘텐츠 마케팅 글에 갑자기 영업 도구를 끼워 넣지 말고, 채소 재배 글에 친구의 비건 요리책을 홍보하지 말라. 홍보는 오직 맥락이 맞을 때만 효과가 있다.

- **큰 흐름 속에 자연스럽게 녹여라.** 어떤 섹션도 통째로 홍보처럼 보이면 역효과다. 새 책을 알리고 싶다면 따로 설명하는 대신 유익한 내용을 전하면서 자연스럽게 등장시키면 된다. "회고록 『10대 게이머의 고백』에서도 설명했듯이, 내가 배운 첫 번째 교훈은…."

- **대화하듯 써라.** 홍보는 광고처럼 느껴지면 독자는 즉시 관심을 잃는다. 자연스럽게 스며들어야 한다. "이 이야기를 내 책에서 처음 썼는데…", "첫 회사인 디지털프레스를 시작하기 전에는…."

- **홍보 대상은 이야기의 '배경'이어야 한다.** 유능한 인재를 끌어들이고 싶다면, 직장 문화를 다루면서 자사의 사례를 보태면 된다. "좋은 직장 문화 만들기는 쉽지 않다. 하지만 이 세 가지를 매일 실천하다 보면 긍정적인 문화가 자연스럽게 자리잡힌다. 예를 들어, 디지털프레스에서는 매일 아침 팀원들과…." 여기서 회사는 예시일 뿐 주인공은 아니다.

구매 유도 문구의 기술

'구매 유도 문구'란 독자를 특정 제품, 서비스의 구매 페이지로 안내하는 장치다. 가장 간단한 방법은 글의 마지막에 배치하는 것이다. 어떤 경우에도 독자가 '낚였다'고 느끼면 안 되므로 판매 링크 등은 독자의 관심사와 분리해 글의 끝으로 보내는 것이다.

예를 들어, 쿼라에서 충성도 높은 독자층이 형성된 뒤 나는 그들을 내 웹사이트(이메일 주소 확보)와 회사 웹사이트(신규 고객 유치)로 이끌고 싶었다. 그래서 글 말미에 유용한 리소스들과 함께 디지털프레스 링크를 배치했다.

> 읽어주셔서 감사합니다! :)
> 온라인에서 개인 브랜드를 구축해 5000만 명이 넘는 독자를 확보한 비결이 궁금한가요?
> 무료 개인 브랜딩 이메일 강좌를 듣고 싶다면 [여기]를 클릭하세요!
> 디지털프레스와 함께하고 싶으신가요? 한번 둘러보세요!

위 내용을 명함처럼 배치함으로써 독자에게 강요 없이 클릭할 수 있는 선택지를 제공한 것이다. 이것이 가장 기본적인 구매 유도 방식이다. **이보다 덜 뻔한 전략은 '신뢰할 만한 예시' 속에 녹여넣는 것이다.**

예를 들어, 개인 브랜딩에 관한 글을 쓰면서 '무료 개인 브랜딩 이메일 강좌'로 사람들을 유도하고 싶다면 관련 단락에 이를 자연스럽게 녹여낼 수 있다.

> 퍼스널 브랜딩은 혼자서는 실행하기 어려운 마케팅 전략이다. 나는 5년 넘게 온라인 퍼스널 브랜딩을 지도해 왔고, 지금까지 1만 명 이상 내 무료 이메일 강좌[**링크**]를 수강했다. 이 강좌는 퍼스널 브랜드 구축 방법을 단계별로 안내한다.

이처럼 글의 흐름을 깨지 않고 예시와 구매 유도 문구가 결합하면, 관심 있는 사람은 클릭하고, 관심 없는 사람은 지나갈 것이다. **이보다도 덜 뻔한 전략은 명시적 언급 없이 연결하는 것이다.**

이를테면 "나는 5년 넘게 온라인 개인 브랜딩을 지도해 왔다"라고만 하고 '온라인 개인 브랜딩을 지도'라는 문구에 링크를 거는 것이다. 제품이나 강좌를 직접 광고하지 않고, 독자가 스스로 발견하게 만드는 방식이다. 나는 항상 링크를 광고가 아닌 독자에게 유용한 리소스처럼 보이게 하려고 노력한다. 독자에게 무언가를 팔려고 애쓰는 순간 효과는 급격히 떨어진다. 그저 독자가 스스로 선택할 수 있게 길을 열어두는 편이 낫다.

원하는 사람은 찾아온다.

원하지 않는 사람은 지나간다.

강요가 느껴지는 순간 독자는 관심을 끊고 돌아서버린다.

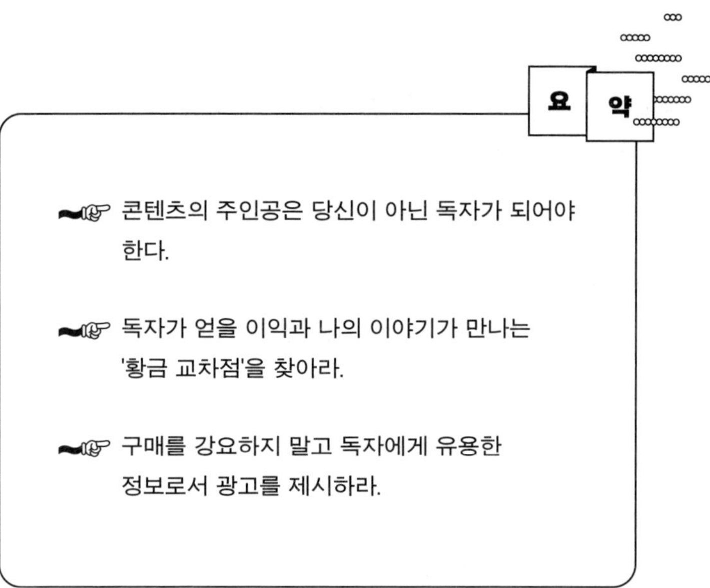

- 콘텐츠의 주인공은 당신이 아닌 독자가 되어야 한다.

- 독자가 얻을 이익과 나의 이야기가 만나는 '황금 교차점'을 찾아라.

- 구매를 강요하지 말고 독자에게 유용한 정보로서 광고를 제시하라.

3부
수익 창출

높은 조회수를
자동 수익으로
연결하라

콘텐츠 무한 루프 시스템 만들기

앞서 소개한 원칙들을 따르면 누구나 '훌륭한 글' 한 편을 쓸 수 있다. 진짜 문제는 '그런 글을 1000편 쓸 수 있느냐'는 것이다. 성공한 온라인 작가들은 모두 방대한 콘텐츠 라이브러리를 갖고 있다. 적은 양의 콘텐츠로도 성공하는 극소수의 사례가 있지만, 대부분 콘텐츠의 양이 '우수'와 '최우수'를 가른다. 많이 생산할수록 알고리즘의 룰렛을 더 자주 돌리는 셈이고, 새로운 독자가 내 이름과 작품을 발견할 확률도 그만큼 올라간다.

콘텐츠 글쓰기 게임은 '많이 쓰는 사람'이 이긴다.

글이 하나 올라갈 때마다 인지도가 쌓인다. 한 분야에서 더 많이 쓸수록 더 큰 목소리를 얻게 된다. 꾸준히 쓸수록 그 분야의 '기준'이 된다. 그렇다면 어떻게 많이, 오래 쓸 수 있을까?

① '시의적절한' 접근

주목받는 작가들은 '지금 이 순간'에 벌어지는 일을 다룬다. 대중문화 트렌드, 글로벌 경제 동향, 오늘의 주요 뉴스가 대표적이다.

이 방식의 장점은 명확하다. 대중의 관심이라는 파도를 타고 즉시 주목받을 수 있다. 내가 《Inc. 매거진》에 쓴 글 중에서도 마크 저커버그의 발표나 NBA컵 결승전처럼 최신 화제를 다룬 칼럼이 특히 폭발적인 반응을 얻었다. 검색량과 SNS 참여도가 많기 때문이다.

하지만 시의성 콘텐츠는 양날의 검이다. 수명이 짧기 때문이다. 10년 전 마크 저커버그의 발표에 대한 글을 지금 재발행해도 아무 의미가 없다. 현재의 독자들과 연결되려면 크게 수정하거나 아예 새 글을 써야 한다. 즉, 시의성만 좇으면 오래 쓸 수 있는 콘텐츠 라이브러리를 만들기 어렵다.

② '시대를 초월한' 접근

시간이 지나도 가치가 사라지지 않는 글을 쓰라. 오늘 읽어도, 10년 뒤에 읽어도 여전히 유효한 원칙, 통찰, 리스트, 가이드 같은 글이다.

물론 시간이 지나면 관점이나 가치관이 달라질 수도 있다. 나 역시 옛날에 쓴 몇몇 글은 마음에 들지 않는다. 하지만 괜찮다. 다시 읽고 '와, 정말 잘 썼네!' 하고 감탄하게 되는 글이 그보다 훨씬 많기 때문이다. 시대를 초월한 글은 수명이 길다. 시의성 글이 하루 만에 조회수 1만 회를 찍고 사라진다면, 시대를 초월한 글은 10년에 걸쳐 5만, 10만 조회수를 기록할 수 있다.

나는 후자를 선호한다. 왜냐하면 이러한 콘텐츠는 언제든 재사용, 재발행, 재공유할 수 있기 때문이다. 콘텐츠 라이브러리가 커질수록 글쓰기 플랫폼에서의 인지도도 쌓이고, 해당 분야의 '기준'으로 자리 잡는다. 시간이 흐를수록 이 선순환은 더 빨라진다.

내가 미디엄에서 빠르게 성장할 수 있었던 것도 이 때문이다. 미디엄에서 글쓰기를 시작한 건 2017년이었다. 이미 수백만 명이 활동하고 있었다. 하지만 그 전에 3년 동안 쿼라에 매일 글을 올렸고, 재활용 가능한 글이 2000개 이상 있었다.

그래서 미디엄에 하루에 한 편씩 재게시했다. 2017~2020년 사이 새로 쓴 글은 30편도 되지 않는다. 나머지는 제목과 사진만 바꾼 기존 글이었다. 그런데도 첫해 만에 팔로워 수만 명, 조회 수백만 회를 기록했고 15개 이상 카테고리에서 최고 작성자가 되었다. 모두 기존 콘텐츠로 얻은 성과다.

만약 내가 쿼라에서 시의성 있는 글만 썼다면 이런 결과는 없었을 것이다. 누가 2년 전 뉴스를 분석한 글을 찾아 읽겠는가? 하지만 내 라이브러리의 99퍼센트는 시간이 지나도 가치가 남는 글이었다. 그래서 같은 글을 3년 뒤에 올려도 여전히 사람들에게 도움이 됐다. 결국, 콘텐츠 글쓰기는 단순히 많이 쓰는 사람이 이기는 게임이 아니다. '오래 남을 글'을 많이 쓰는 사람이 이긴다.

콘텐츠 버킷

글쓰기로 최고의 '투자 수익'을 얻으려면 로드맵이 필요하다. 누구나 첫 6개월은 탐색하고, 연습하고, 데이터를 모아야 한다. 디지털 프레스에서는 대필 고객을 위해 1시간 상담을 거쳐 개인별 로드맵부터 작성한다. 첫 3개월은 '데이터 수집 기간'으로 본다. 고객과 함께 다양한 카테고리의 글을 써보고, 반응 데이터를 분석해 세 가지 '콘텐츠 버킷'을 선정한다. 내가 추천하는 콘텐츠 버킷은 다음 세 가지다.

① 일반 독자층을 위한 콘텐츠

가장 기본이 되는 버킷이다. 자기 관리, 인생 교훈, 생산성 같은 보편적인 주제는 넓은 독자층에 어필한다. 여기에 자신만의 관점을 더하면 된다. 예를 들어 소프트웨어 회사의 마케팅 담당자가 '내가 배운 시간 관리법'을 공유할 수 있다. 시인이든, 미식가든, 영업의 달인이든, 보편적 주제를 '나만의 시각'으로 풀어내면 강력한 차별점이 된다.

② 틈새 독자층을 위한 콘텐츠

이 버킷은 작가 자신의 전문 분야와 직결된다. 마케터의 틈새 독자는 마케터다. 여기에는 두 가지 접근이 있다. 보편적 주제를 계속 다루며 도달 범위를 넓히거나, 혹은 타깃 독자의 구체적 고민을 다루면서 일반 독자층을 의도적으로 배제하는 것이다. 나는 양쪽 모두 다루길 권한다.

③ 업계 독자층을 위한 콘텐츠

세 번째 버킷은 자신이 속한 업계를 다루는 것이다. 바이올리니스트라면 바이올린계, 음악 프로듀서라면 음악 산업, 소프트웨어 사업가라면 소프트웨어 업계, 작가라면 자신의 장르. 이 버킷은 가장 쉽게 정할 수 있으면서도, 해당 분야에서 인정받기 위해 꼭 필요하다. 예를 들어, 내 세 가지 콘텐츠 버킷은 이렇게 정리된다.

- 일반 독자층 대상: 게이머, 보디빌더, 작가, 사업가로서의 경험과 자기계발
- 틈새 독자층 대상: 콘텐츠 글쓰기, 자비출판, 콘텐츠 마케팅
- 업계 독자층 대상: 경영인·창업자·투자자를 위한 사고 리더십과 퍼스널 브랜딩

명심하라. 콘텐츠 버킷은 언제든 바뀔 수 있다. 실제로 나는 쿼라 초창기에 여러 틈새 독자층을 실험했다. 게임에 관해서도 쓰고, 보디빌딩에 관해서도 쓰고, 광고 캠페인에 관해서도 썼다. 그 과정에서 꾸준히 반응이 좋은 버킷이 '글쓰기'와 '콘텐츠 마케팅'이라는 걸 알게 되었고, 그 방향으로 집중했다.

무한 글감 생성기

'쓸 게 없다'는 사람은 사실 글감이 부족한 게 아니라 글감이 만들어지는 방법을 모르는 것이다. 콘텐츠 글쓰기는 3단계로 구성된다.

1단계: 어떤 '유형'의 글인가?

- 유형 1: 실용적 가이드
- 유형 2: 의견/논평
- 유형 3: 리스트
- 유형 4: 스토리
- 유형 5: 신뢰 기반 글

2단계: 어떤 '포인트'를 전달하는가?

- 포인트 1: 설명 (무엇이 언제 어디서 어떻게 왜 일어났는가)
- 포인트 2: 습관 (목표에 도달하기 위한)
- 포인트 3: 실수 (목표 도달을 방해하는)
- 포인트 4: 교훈 (목표를 추구하며 배운)
- 포인트 5: 팁 (목표에 도달하는 데 도움이 되는)
- 포인트 6: 스토리 (목표를 향한 여정을 보여주는)
- 포인트 7: 최신 이슈 (목표와 관련해 독자가 알아야 할)

참고로, 최신 이슈는 일곱 가지 포인트 중 하나일 뿐이다. 그런데도 많은 작가가 여기에 너무 몰두한다. 좋은 기회가 있으면 활용하되, 되도록 '오래 남는 글'에 시간과 노력을 투자하는 것이 좋다. 시대를 초월한 콘텐츠야말로 꾸준히 재활용할 수 있는 자산이다.

3단계: 신뢰도는 어떻게 확보할 것인가?

- 신뢰 1: '나는 이 주제의 전문가다. 내 생각은 이렇다.'
- 신뢰 2: '이 분야 전문가들은 이렇게 말한다.'
- 신뢰 3: '개인적인 의견이지만, 누구보다 명확하게 설명하겠다.'

이 세 단계를 결합하면(유형+포인트+신뢰도), 글감은 무한히 나온다. 누구나 꾸준히, 질 높은 콘텐츠를 생산할 수 있다. 예시는 다음과 같다.

- **리스트 × 실수 × 신뢰 2** = "7인의 창업자가 밝히는 첫 투자 유치 때의 뼈아픈 실수"
- **신뢰 기반 글 × 설명 × 신뢰 1** = "〈월드 오브 워크래프트〉 톱랭커 출신이 전망하는 e스포츠의 미래"
- **논평 × 교훈 × 신뢰 3** = "저소득층 동네에서 들여다본 경제 위기의 실상"

글감은 고갈되지 않는다. 공식을 알면, 글은 끝없이 생산된다.

콘텐츠 로드맵 템플릿

세 가지 콘텐츠 버킷을 정하고, '무한 글감 생성기'로 헤드라인까지 떠올렸다면, 이제 그것들을 엮어 '콘텐츠 로드맵'을 만들 차례다.

1단계: 세 가지 콘텐츠 버킷 나열하기

각 버킷은 장기적으로 자리 잡고 싶은 카테고리다.

- 일반 독자 대상 (예: 생산성)
- 틈새 독자 대상 (예: 서비스형 소프트웨어SaaS)
- 업계 독자 대상 (예: 서비스형 소프트웨어)

2단계: 각 버킷에 주제 3개 이상 적기

각 영역 안에서 '영향력 있는 목소리'가 되고 싶은 주제를 골라 적는다.

일반 독자 대상 (예: 생산성 관리)

- 생산성 팁
- 시간 관리 기술

- 선별된 생산성 통찰

틈새 독자 대상 (예: SaaS 스타트업)

- 스타트업 조언

- SaaS 통찰

- 창업자 스토리

업계 독자 대상 (예: 프로젝트 관리 소프트웨어)

- 프로젝트 관리 소프트웨어의 역사

- 프로젝트 관리 소프트웨어 트렌드

- 최신 연구 및 데이터

3단계: 조합하고 확장하기

이제 무한 글감 생성기를 활용해 다음과 같이 헤드라인을 계속 뽑아낼 수 있다.

일반 독자층 대상: 생산성을 높이는 법

▶ 생산성을 높이는 법 ◀

"X명의 스타트업 창업자, 프로 선수, 억만장자들의 생산성 비결"

"아침 루틴의 작은 변화로 누구나 생산성을 높일 수 있다"

"어떻게 해고 걱정 없이 일과 삶의 균형을 이룰까?"

"매일 생산성을 높이는 잘 알려지지 않은 방법 X가지"

"○○○이 매일 생산성을 유지하는 특별한 방법 X가지"

"5배 적은 시간에 더 많은 일을 해내는 독특한 방법 X가지"

"생산성을 높여주는 저렴한 소프트웨어 제품 X가지"

▶ 영향력 있는 리더들의 생산성 조언 ◀

"마이클 조던의 트레이닝 스케줄에서 배우는 생산성"

"오프라의 아침 루틴으로 배우는 생산성 높이기"

"생산성에 대한 관점을 영원히 바꿔줄 《뉴욕 타임스》 베스트셀러 X권"

"지금 당장 아침 루틴을 바꾸고 싶게 만드는 TED 강연 X편"

▶ 생산성 관련 추천 도서 ◀

"오후 3시 이후 일하지 말라고 영감을 주는 단 한 권의 책"

"시대를 불문하고 누구나 읽어야 할 생산성 팁이 담긴 책 X권"

"올해 안에 꼭 읽어야 할 생산성 관련 필독서 X권"

▶ 생산성 관련 팟캐스트 ◀

"듣는 것만으로도 생산적인 기분이 드는 팟캐스트 X선"

"세계 최고의 생산성 전문가들이 출연하는 팟캐스트 X선"

"삶을 단순화하고 생산성을 높이는 팟캐스트 X선"

▶ 생산적인 사람들의 습관 ◀

"당신의 생산성을 방해하는 최악의 습관 X가지"

"수면을 망치고 다음 날 생산성도 망치는 밤 습관 X가지"

"시간 낭비하고 생산성을 해치는 네트워킹 습관 X가지"

"단순하지만 생산성을 최대한 끌어올리는 최고의 습관 X가지"

▶ 생산성 관련 실수들 ◀

"새로운 루틴을 시작할 때 하는 실수 X가지"

"생산성을 높여줄 것 같은데 오히려 떨어뜨리는 앱 X가지"

"팀 생산성을 높이려던 관리자가 저지르는 뼈아픈 실수 X가지"

▶ 생산성을 막는 잘못된 믿음 ◀

"생산성을 높여줄 것 같은데 실제로는 아닌 것 X가지"

"누구나 추천하지만 사실은 빛 좋은 개살구인 생산성 팁 X가지"

"매일 목표를 향해 나아가는 것을 막는 장애물 X가지"

"쓸데없이 시간을 잡아먹는 직장 내 갈등 유형 X가지"

▶ 생산성을 망치는 방해 요소 ◀

"생산적인 업무를 망치는 최악의 방해 요소 X가지"

"새로운 루틴을 시작하기 전에 제거해야 할 방해 요소 X가지"

"당신의 생산성을 죽이는 방해 요소 X가지"

"알게 모르게 생산성을 해치고 있는 인간 관계 X가지"

"누구나 공감할 수 있는 직장 내 방해 요소 X가지"

틈새 독자층 대상: 스타트업을 위한 조언

▶ 스타트업 창업하기 ◀

"0원으로 SaaS 회사 만드는 방법"

"투자 없이 SaaS 제품 만드는 방법 X가지"

"SaaS 스타트업의 X가지 유형과 당신의 선택"

"성공적인 스타트업을 위한 X가지 핵심 단계"

▶ 스타트업 최적화와 비효율 해결 ◀

"신생 스타트업의 효율적인 조직 문화를 위한 X가지 방법"

"신생 스타트업의 가장 흔한 X가지 문제와 해결책"

"스타트업의 성장을 막는 요인을 쉽게 발견하는 X가지 방법"

▶ 스타트업 채용 ◀

"모든 스타트업 창업자가 반복하는 채용 실수 X가지"

"연매출 100만 달러 달성 시 필요한 채용 X가지"

"스타트업 성장에 필수적인 채용 X가지"

"이런 사람을 채용하지 않으면 스타트업은 절대 성공할 수 없다"

"스타트업 채용 과정을 더 쉽고 빠르게 만드는 SaaS 제품 X가지"

▶ 스타트업 성장 ◀

"첫 스타트업 성장 과정에서 마주치는 X가지 장애물"

"수백만 달러 투자 없이 스타트업을 성장시키는 방법 X가지"

"매출 100만 달러 돌파 후 겪게 될 X가지 성장 과제"

"효율적인 스타트업 성장을 위해 필요한 관리자 유형 X가지"

▶ 스타트업에서 배우는 교훈 ◀

"0원으로 스타트업을 시작하며 배우는 잊지 못할 X가지 교훈"

"창업자가 뼈에 새길 수밖에 없는 X가지 교훈"

"창업자가 되기 전 기업가 밑에서 일하며 배운 값진 교훈 X가지"

"창업을 결심하는 순간 자신에 대해 배우게 될 인생 교훈 X가지"

▶ 성공적인 스타트업의 습관 ◀

"X명의 스타트업 창업자를 억만장자로 만든 아침 루틴"

"스타트업 창업자가 팀원들과 매일 실천해야 할 X가지 습관"

"과로하는 스타트업 창업자에게 꼭 필요한 단순하지만 강력한 습
관 X가지"

▶ 스타트업이 실패하는 이유 ◀

"스타트업이 다음 라운드 투자 유치에 실패하는 X가지 이유"

"어째서 스타트업 중 X%만이 다음 라운드 투자 유치에 성공할까?"

"미국 스타트업 실패율에 대한 하버드 연구의 흥미로운 시사점 X
가지"

"첫 스타트업의 실패를 지켜보며 배운 중요한 교훈 X가지"

"아무도 말하지 않는 스타트업 실패의 숨겨진 이유 X가지"

▶ 스타트업 자금 조달 ◀

"다음 스타트업 벤처를 위한 간단한 자금 조달 방법 X가지"

"오늘날 창업자들이 실리콘밸리의 에인절투자와 벤처캐피털 없이 자금을 조달하는 방법 X가지"

"대도시에 살지 않아도 스타트업 자금을 조달하는 X가지 방법"

"스타트업 자금 조달을 위한 인맥을 구축하는 X가지 강력한 방법"

업계 독자층 대상: 프로젝트 관리 소프트웨어

▶ 프로젝트 관리 도구 ◀

"오늘날 직장에서 필수로 써야 하는 생산성 도구 X가지"

"팀의 생산성을 높여주는 소프트웨어 도구 X가지"

"모든 원격 팀이 겪는 X가지 어려움과 해결책"

"생산성에 대한 새로운 관점을 선도하는 SaaS 기업 X개"

"프로젝트 관리 도구를 찾을 때 기업이 저지르는 X가지 실수"

▶ 기업 생산성 향상 방법 ◀

"기술을 활용해 기업 생산성을 높이는 방법 X가지"

"직원들이 따로 기록하지 않아도 생산성을 추적하는 방법 X가지"

"소프트웨어로 경영진의 생산성을 높이는 방법 X가지"

"SaaS 제품을 회사 시스템에 쉽게 통합하는 방법 X가지"

"새로운 SaaS 도구를 기업 문화에 적용할 때 주의할 점 X가지"

▶ 생산성 관련 신기술 ◀

"시대를 앞서간 X가지 생산성 소프트웨어 도구"

"직장 생산성 극대화를 위해 매일 읽어야 할 SaaS 웹사이트 X개"

"직원 생산성 추적, 측정, 확장을 쉽게 하는 X가지 신기술"

"생산성 측정에 대한 스타트업의 관점을 바꿀 X가지 신기술"

▶ 프로젝트 관리 소프트웨어 트렌드 ◀

"기업의 성장 방식을 빠르게 바꾸는 SaaS 트렌드 X가지"

"2025년까지 모든 직장에 자리 잡을 생산성 트렌드 X가지"

"프리랜서라면 따라야 할 X가지 생산성 트렌드"

▶ 생산성 소프트웨어 도입 현황 및 통계 ◀

"하버드 경영대학원이 밝힌 스타트업의 X%가 SaaS 제품에 월 Y
달러씩 투자하는 이유"

"최신 연구 결과, X%의 직원이 스마트폰으로 성장과 생산성을 측
정하길 원한다"

"직원들의 생산성 자가 측정 요구와 기업의 지원 방안"

보다시피 적지 않은 예시를 들었다. 그 이유는 아이디어가 얼

마나 쉽게 나오는지 보여주기 위해서다. 무한 글감 생성기만 있다면 글감은 고갈되지 않는다. 게다가 위의 모든 예시는 '한 버킷'의 '한 주제'에서 나왔다. 버킷이 세 개라면 수십, 수백 가지로 뻗어나갈 것이다.

한 가지 더 짚자면, 이 로드맵에는 비슷한 내용이 여러 번 등장한다. 어떤 글감은 두세 버킷에 동시에 들어간다. 문제없다. 반복은 약점이 아니라 증폭 장치다. 해당 분야에서 영향력 있는 사람이 되려면 핵심 주제를 계속 변주하며 새로운 관점과 깊이를 제시해야 한다. 그래서 반복은 오히려 강력한 무기다.

글을 쓸 때마다 자문하라

1. 이 글이 내 세 가지 콘텐츠 버킷 중 하나에 속하는가?
2. 이 글이 시간의 흐름을 견딜 수 있을까?
3. 이미 같은 주제로 썼다면, 어떻게 새로운 각도로 풀어낼까?

나는 "열일곱 살 때 〈월드 오브 워크래프트〉 북미 랭커였다"는 이야기를 셀 수 없이 많이 썼다. 하지만 매번 조금씩 다른 관점으로 풀어냈다. 한 글에서는 게임을 통해 배운 직업윤리를, 다른 글에서는 몰입의 경험을, 또 다른 글에서는 성취감이 얼마나 빨리 사라지는지를 이야기했다. 부모님과의 갈등을 중심으로 풀어낸 적도 있다.

같은 스토리를 끝없이 변주한 것이다. 그래서 그 이야기는 내 핵심 서사가 됐다. 인터뷰를 할 때도, 새로운 독자를 만날 때도 그 서사가 빠짐없이 등장한다. 반복은 약점이 아니다. 정체성을 각인시키는 방법이다. 같은 이야기를 다양한 각도에서 꾸준히 들려주면, 독자는 당신을 기억할 것이다.

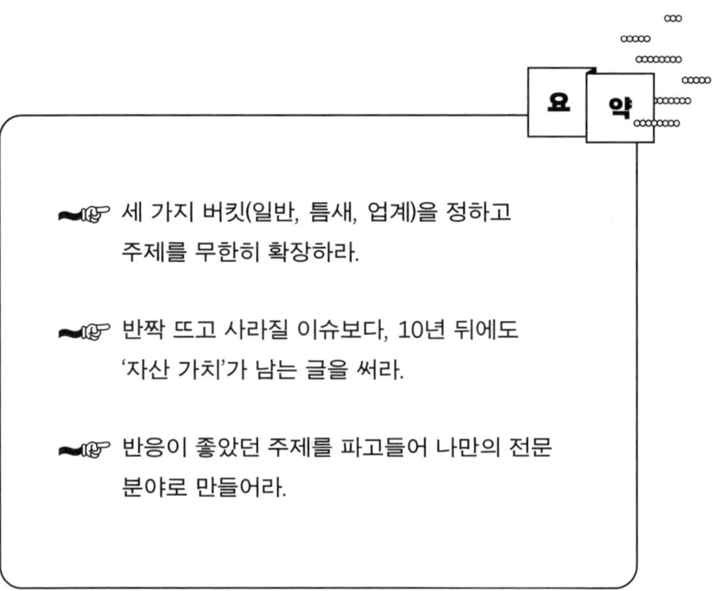

11장

팔리는 콘텐츠는 무엇이 다른가

앞서 말했듯 '글쓰기 데이터 선순환 구조'는 끝없는 영감의 물레방 아이자, 내가 선택한 분야에서의 경쟁력이다. 공개적으로 글을 쓸수록 귀중한 데이터가 쌓인다. 어떤 주제가 주목받는지, 어떤 헤드라인이 효과적인지, 어떤 구성과 문체가 반응을 끌어내는지 자연스럽게 파악할 수 있다. 특정 글이 기존 글보다 훨씬 큰 반향을 일으켰다면 그냥 '잘됐네' 하고 넘어가면 안 된다. 이유를 분석하고, 그것을 더 풍성하고 가치 있는 콘텐츠로 확장해야 한다.

그렇다면 개인 웹사이트는 언제 개설해야 할까? 글쓰기가 '사업'이 될 만한 단계에 이르렀을 때다. 많은 작가와 업계 리더는 개인 사이트부터 만들지만, 대부분 시기상조다. 청중과 반응 데이터를 모으지 못한 상태라 방향을 잡기 어렵기 때문이다. 반대로 공개적으로 글을 쓰며 데이터를 쌓아두었다면, 이미 무엇이 통하는지 알고 있으니 그때 비로소 개인 사이트가 힘을 발휘한다. 글쓰기가 사업이 되는 시점은 다음과 같다.

- 독자의 이메일 주소를 확보하기 시작했을 때
- 광고 수익이 생기기 시작했을 때
- 유료 구독자가 생기기 시작했을 때
- 제품이나 서비스를 판매하기 시작했을 때
- 강연, 코칭, 컨설팅을 의뢰받기 시작했을 때

글쓰기로 돈을 벌고 싶다면, 감이나 추측이 아니라 데이터에 근거해 시간·에너지·비용을 어디에 집중할지 결정해야 한다.

글을 '핵심 콘텐츠'로 발전시키기

개인 웹사이트를 시작하기 좋은 시점은 다음 조건이 충족됐을 때다.

- 독자들이 어떤 주제에 끌리는지 파악했을 때
- 그 주제를 어떤 방식으로 다뤄야 효과적일지 감이 잡혔을 때
- 소셜플랫폼에서 검증된 독자층이 있고, 더 깊은 콘텐츠로 안내할 준비가 되었을 때

예를 들어, 영업 전략 관련 글을 여러 편 썼는데, 그중 '첫 이메일 컨택'을 다룬 글이 유독 큰 반응을 얻었다고 하자.

첫 단계는 이 성과가 우연인지 확인하는 것이다. 같은 주제를 더 파고든 글을 몇 편 써보고 반응 데이터를 다시 검토한다. 계속 좋은 결과가 나온다면, 넓은 주제(영업 전략)보다 더 구체적인 주제(첫 이메일 컨택)에 독자가 강하게 반응한다는 뜻이다. 이때 초점을 좁혀야 한다.

두 번째 단계는 이를 활용하는 것이다. 이미 '첫 이메일 컨택'을 비롯한 구체적 전략에 대해 꾸준히 써왔고, 독자의 관심도 검증됐다면 이제 독자의 이메일 주소를 확보하거나 유료 제품·서비스로 안내할 기반이 마련된 것이다.

소셜플랫폼에서 출발하는 이유는 명확하다. 무엇이 통하는지 데이터로 증명되기 때문이다. 검증이 끝났다면 웹에서도 그 주제를 전면에 내세울 수 있다. "초기 이메일 컨택 전략을 찾으시나요? 제대로 찾아오셨습니다." 반대로 데이터가 없다면 이런 문장을 자신 있게 쓸 수 없다. 무엇을 내세워야 독자가 반응할지 모르기 때문이다.

여기서 중요한 한 가지. 소셜플랫폼에서 관심을 얻었다고 해서 반드시 그 관심이 웹사이트까지 이어지는 것은 아니다. 독자들을 다른 공간으로 이동시키는 일은 생각보다 어렵다. 온라인 환경에서는 주의력을 끊임없이 빼앗기기 때문이다. 그래서 독자의 기대치를 충족하는 것만으로는 부족하다. 반드시 '기대 이상'을 제공해야 한다.

독자의 충성도를 유지하는 가장 효과적인 방법은, 이미 유익한 글에서 출발해 더 깊이 있는 콘텐츠로 자연스럽게 안내하는 것이다. **독자가 북마크하고 싶은 콘텐츠여야 한다.**

'핵심 콘텐츠'란 다른 플랫폼에서 이미 검증된 글을 가장 가치 있고, 가장 포괄적이며, 가장 매력적인 버전으로 확장한 것이다. 소셜플랫폼의 글에서 웹사이트로 독자를 단순히 끌어오는 데서 끝나서는 안 된다. 무료라고는 믿기 어려울 만큼 깊이 있고 풍성한 자료를 제공해 독자의 기대를 뛰어넘어야 한다. 소셜플랫폼에서 짧은 글을 보고 '좋다'고 느꼈다면, 웹사이트의 '핵심 콘텐츠'를 보고는 '와, 이걸 무료로 공개한다고?' 하고 감탄해야 한다.

즉, 웹사이트에서의 첫 경험은 매우 긍정적이어야 한다. 독자가 시간을 낭비했다는 느낌을 받아서는 안 되고, 자연스럽게 더 가치 있는 콘텐츠로 안내받는 기분이어야 한다.

"하지만 이 주제에 대해 할 말은 이미 기존 글에서 다 했는데?"

아니다. 확장할 여지는 많다. 검증된 글을 '시대를 초월한' 핵심 콘텐츠로 발전시키는 다섯 가지 요령을 소개한다.

- 콘텐츠 통합하기: '첫 이메일 컨택 전략'에 관한 글을 여러 번 썼다면, 핵심만 추려 하나의 종합 가이드로 묶는다. 소셜 플랫폼에 글을 수백 개 올렸다 해도, 독자에게 3년 치 글을 전부 찾아 읽으라고 할 수는 없다. 대신 핵심만 한데 모은 버전을 제공한다. 이것만으로도 압도적인 가치를 느끼게 된다.
- 전문가 의견으로 보강하기: 내 의견과 통찰만으로도 좋지만, 업계 전문가들의 견해나 사례를 인용하면 신뢰도가 폭발적으로 높아진다. 직접 인터뷰한 내용, 팟캐스트 발언, 주요 매체 기사, 전문가가 공개한 데이터 등을 적극 활용하라. 유용하고 신뢰할 만한 정보는 많을수록 좋다.
- 통계·연구 자료 추가하기: 신뢰할 만한 연구 결과나 데이터 몇 개만 더해도 콘텐츠의 질이 한 단계 격상된다. 독자가 직접 찾기 어려웠던 자료를 대신 제공하는 것만으로도 전문적인 인상을 준다.
- 개인적인 이야기 더하기: 일반적인 2000~3000자 글에서는 깊은 이야기까지 싣기 어렵다. 하지만 핵심 콘텐츠에서는 자기 경험, 실패담, 시행착오, 깨달음까지 충분히 녹여낼 수 있다. 다른 어디에서는 볼 수 없던 개인적인 맥락을 보여주

면 독자는 더 몰입한다.

- 더 많은 예시 제공하기: 이 책이 좋은 예다. 이 책 또한 짧게 쓰려면 얼마든지 짧게 쓸 수 있었다. 하지만 핵심은 분량이 아니라 '실전 적용'이다. 독자가 직접 따라 할 수 있도록 풍부한 예시를 넣었기 때문에 길어졌다. 핵심 콘텐츠도 같다. 실제 사례를 충분히 담으면 2000자짜리 글은 1만 2000자짜리 '완벽 가이드'로 진화한다.

단순히 글자 수를 늘려 더 길게 쓰라는 뜻이 아니다. 하나의 주제를 가장 높은 수준으로 강화하고 확장하라는 뜻이다.

독자들을 핵심 콘텐츠로 안내하기

핵심 콘텐츠를 만들었다면, 이제 독자를 반복적으로 끌어들이는 구조가 필요하다. 이것이 바로 '독자 확보 선순환 구조'다.

- 세 가지 콘텐츠 버킷별로 꾸준히 글을 쓴다.
- 데이터로 검증된 주제를 골라 핵심 콘텐츠로 확장한다.
- 핵심 콘텐츠를 개인 웹사이트에 게시한다.

- 소셜플랫폼에 관련 글을 쓸 때마다 핵심 콘텐츠로 자연스럽게 연결한다.

예를 들어, 개인 웹사이트에 "첫 이메일 컨택 완벽 가이드: 월 수익 10만 달러를 창출하는 9단계 공식"이라는 핵심 콘텐츠를 올렸다고 하자. 이제 쿼라, 미디엄, 링크드인 등 소셜플랫폼에 '첫 이메일 컨택' 관련 글을 쓸 때마다 자연스럽게 개인 웹사이트로 안내할 선택지가 생긴다. 「신규 고객 확보를 위한 첫 이메일 컨택에서 프리랜서들이 저지르는 3가지 실수」라는 글에서는 이렇게 쓸 수 있다.

> 또 다른 실수는 첫 이메일을 친구나 가족에게 보내는 편지처럼 작성하는 것이다. 대상에 따라 문체와 길이는 달라져야 한다. 많은 프리랜서가 고위 경영진에게 1200자짜리 첫 이메일을 보낸다. 대부분의 CEO는 100자도 읽을 시간이 없다. 왜 이메일이 짧을수록 좋은지는 내가 쓴 '첫 이메일 컨택 완벽 가이드'[링크]에 정리했다.

또, 「왜 첫 이메일 컨택은 지금 가장 효과적인 B2B 영업 전략인가」라는 글에서는 이렇게 쓸 수 있다.

이런 식으로 소셜플랫폼 곳곳에 '핵심 콘텐츠'의 링크가 걸린다. 결과적으로 콘텐츠 버킷에서 생산된 글들이 모두 웹사이트의 핵심 콘텐츠로 이어지는 구조가 된다. 독자는 강요를 느끼지 않는다. '우연히 좋은 글을 읽었는데, 더 깊은 자료도 있네?' 하고 오히려 보물을 발견한 기분이 든다.

이것이 콘텐츠 라이브러리가 독자를 끌어들이는 촘촘한 그물망이 되는 방식이다.

핵심 콘텐츠를 이메일 강좌, 뉴스레터로 전환하기

독자가 웹사이트에 유입됐다면, 이제 이메일 주소를 확보할 차례다. 검증된 글과 핵심 콘텐츠는 더 길고 가치 있는 자료로 확장할 수 있다. 다시 말하지만, 이때 기준은 '감'이 아닌 데이터다. 트래픽이 가장 높은 핵심 콘텐츠를 PDF 전자책이나 '초보자를 위한 7일 이메일 강좌'로 전환할 수 있다.

핵심은 독자에게 '길'을 만들어주는 것이다. 독자는 관심 있는 글을 읽는다. 그 글 안에서 핵심 콘텐츠 링크를 만난다. 핵심 콘텐츠 안에서 더 가치 있는 자료를 발견한다.

안타깝게도 대부분의 창작자는 이 과정을 무시한다. '뉴스레터를 구독하세요!', '무료 자료 받아가세요!'라는 문구만 던진다. 하지만 사람들은 아무 데나 이메일 주소를 남기지 않는다. 지금까지 소비한 콘텐츠보다 더 가치 있는 콘텐츠를 기대한다.

문제는 대부분의 창작자가 '최고의 콘텐츠'를 숨긴다는 데 있다.

'돈을 벌어야 하니까 일부만 공개하고, 나머지는 다운로드나 결제로 막아야지.' 결과적으로 그들이 소셜플랫폼에 올리는 글은 얕고 지루하며 홍보 냄새만 난다. 결국 핵심 콘텐츠도 관심을 받지 못하고, 아무도 이메일 주소를 남기지 않고, 구매도 일어나지 않는다. 그리고 창작자는 '역시 콘텐츠 글쓰기는 내 길이 아니야'라고 생각한다. 혹은 홍보대행사를 고용해 돈으로 문제를 해결하려 한다. 나는 이 방식을 뒤집기를 권한다.

최고의 콘텐츠 99퍼센트를 무료로 제공하라.

장기전을 택하라. 자신의 분야에서 가장 많이 읽히고, 가장 가치 있는 작가가 되는 것이 목표다. 독자들이 트위터에서 '이 정도 퀄리티를 무료로 준다고?'하며 태그할 만큼. 고민해야 할 유일한 문제는, 찾아오는 관심이 너무 많아서 다 응대할 시간이 부족하다는 것뿐이다. 애초에 아무도 관심을 주지 않는 것보단 훨씬 낫다.

그렇다면 특정 주제로 이미 수백 편의 글을 썼고, 웹사이트에도 몇 개의 핵심 콘텐츠를 갖췄다면, 독자들이 다운로드하거나 구독할 만큼 가치 있는 자료는 어떻게 더 만들 수 있을까? 글을 핵심 콘텐츠로 확장하는 방법 외에도, 몇 가지 간단한 전략이 있다.

- 하나의 구체적 문제에 집중하기: 가장 강력한 구독 유도는 '구체적인 고민'을 해결해주는 것이다. 예를 들어 부동산 포트폴리오 관련 글을 자주 쓴다면, "7일 만에 시작하는 임대용 부동산 구매" 같은 이메일 강좌를 만들 수 있다. 첫 임대용 부동산을 어떻게 사야 할지 고민하는 독자에게 명확하고 실용적인 해답이 된다.
- 설득력 있는 사례 연구 제공하기: 업계 성공 사례를 모아 분석한 PDF 자료도 좋은 구독 유도 자료다. 예를 들어 자비출판 관련 글을 자주 쓴다면, "아마존 자비출판으로 연 수입 10만 달러 버는 작가 10인" 같은 자료를 대가로 이메일 주소를 확보하면서 자기 책까지 자연스럽게 홍보할 수 있다.

- 선공개 또는 독점 콘텐츠 활용하기: 소설 작가도 이메일 주소를 모을 수 있다. 출간 예정작의 1장을 먼저 공개하거나, 기존 작품의 비하인드 스토리를 제공하면 된다. 중요한 것은 이메일 주소를 대가로 얻는 보상이 명확해야 한다는 점이다. '더 많은 글을 받아보세요!' 같은 모호한 제안은 통하지 않는다.

- 독자 수준별 맞춤 자료 만들기: 독자 수준이 제각각이라면, 그에 맞는 자료가 필요하다. 예를 들어 디지털 마케팅 분야라면 다음과 이메일 강좌를 나눌 수 있다.

  1) 초보자: "5일 만에 첫 수익성 페이스북 광고 만들기"

  2) 중급자: "30일 완성: 광고 수익 극대화 및 구매 전환율 10배 달성 사례 30가지"

  3) 고급자: "7일 만에 100만 달러 달성하기: 전문가를 위한 페이스북 광고 전략"

- 템플릿과 워크시트 제공하기: 독자들은 '바로 쓸 수 있는 자료'를 좋아한다. 운동 루틴, 회고록 템플릿, 팀 빌딩 워크시트 등 분야에 맞는 자료를 제공할 수 있다.

내가 처음 만든 구독 유도 콘텐츠도 같은 방식이었다. 나는 쿼라와《Inc. 매거진》에서 퍼스널 브랜딩에 관한 글을 꾸준히 썼고, 이 글들은 항상 반응이 좋았다. 많은 독자가 어떻게 퍼스널 브랜딩을 시작해야 하는지 물었다. 그래서 인기 글 몇 편을 기반으로 "7일 안에 퍼스널 브랜드 구축하기"라는 이메일 강좌를 만들어 내 웹사이트에 올렸다. 이 강좌 하나로 나는 수만 개의 이메일 주소를 확보할 수 있었다.

글/핵심 콘텐츠/이메일 강좌/ 뉴스레터를 유료 상품으로 전환하기

이제 당신은 온라인에서 6~12개월 동안 꾸준히 글을 써왔다. 데이터로 독자의 선호를 파악해 콘텐츠 버킷을 정했다. 개인 웹사이트를 만들고, 핵심 콘텐츠도 구축했다. 독자들이 다운로드하거나 구독할 만한 더 가치 있는 자료까지 만들었다. 이제는 판매할 차례다.

잠시 되돌아보자. 이 과정이 얼마나 순차적인지 보이는가? 처음부터 책이나 강좌를 팔려고 했다면 상당히 헤맸을 것이다. 독자 데이터를 확보하는 과정은 길어 보이지만, 사실은 가장 빠른 길이다. 내 멘토이자 세계적인 카피라이터 크레이그 클레멘스는 이렇게 말했다. "사람들은 제품을 사지 않는다. 긴급한 문제에 대한 해결책을 산다."

많은 온라인 작가가 타깃 독자의 '긴급한 문제'를 안다고 생각하지만, 대부분 추측에 불과하다. 수요에 대한 증거도 없고, 시장도 그들을 전문가로 인정하지 않는다. 그 결과, 수많은 시간이 투입된 책, 뉴스레터, 강좌가 조용히 묻힌다. 누구에게 무엇을 팔아야 하는지 몰랐기 때문이다.

최고의 콘텐츠 99퍼센트를 무료로 제공하라. **하지만 마지막 1퍼센트는 나머지 99퍼센트보다 더 큰 가치를 담아야 한다.**

나는 '콘텐츠 글쓰기'라는 주제만으로 인터넷에 1000개가 넘는 글을 썼다. 쿼라와 미디엄에서 활발히 활동했고, 웹사이트에는 핵심 콘텐츠와 다운로드 가능한 자료를 올렸으며, 팟캐스트 인터뷰, 워크숍, 멘토링 모임, 강연까지 했다. 이 책에 담긴 거의 모든 통찰도 이미 온라인에서 무료로 공개된 내용이다. 그렇다면 당신은 왜 이 책을 샀는가?

- 편의성: 3000개 넘는 글을 직접 찾아보고 싶지 않았을 것이다. 이 책 한 권이면 그 시간을 아낄 수 있다.
- 구체성: 무료 글의 핵심을 하나하나 퍼 모으는 대신, 콘텐츠 글쓰기에 집중된 한 권의 완성된 자료를 원했을 것이다.
- 깊이: 2000자짜리 겉핥기 글이 아니라, 자세한 방법론, 예시, 일화를 원했을 것이다. 책을 읽고 나면 훨씬 풍성한 노하

우를 갖추리라 기대했을 것이다.

디지털프레스가 10개월 만에 100만 달러, 2년 만에 수백만 달러 규모의 사업체가 된 이유도 같다. 나는 퍼스널 브랜딩과 업계 리더 포지셔닝에 대해 수백 편의 글을 써왔다. 어디에나 공개돼 있고, 누구나 가져다 쓸 수 있다. 하지만 창업자, 경영인, 투자자, 국제 연사들은 그런 내용을 일일이 찾아 읽고 배울 시간이 없다. 온라인에서 자신의 생각을 효과적으로 공유할 전문성도 없다.

그렇다면 어떻게 할까? 그들은 사람을 고용한다. 그들이 원하는 글을 이미 쓰고 있는 사람을.

최고의 제품과 서비스는 이미 검증된 반응과 수요에서 나온다.

회고록 작법 관련 글에 사람들이 열광한다면, '회고록 코칭 사업'으로 발전시킬 수 있다. 페이스북 개발자로서 겪은 일화를 사람들이 좋아한다면, '유료 뉴스레터'로 확장할 수 있다. 브랜드 메시징 논평 글이 유독 반응이 좋다면, '기업을 위한 브랜드 메시징 서비스'로 연결할 수 있다.

콘텐츠 글쓰기의 핵심은 독자들이 무엇을 더 원하는지, 그리고 무엇에 기꺼이 지갑을 여는지 파악하는 것이다.

독자의 관심을 제대로 확보했다면, 이제 당신의 콘텐츠 라이브

러리에서 '다음으로 가장 적절하고 가치 있는' 콘텐츠를 제시하면
된다. 이것이 바로 온라인 작가로서 수익을 창출하는 방법이다.

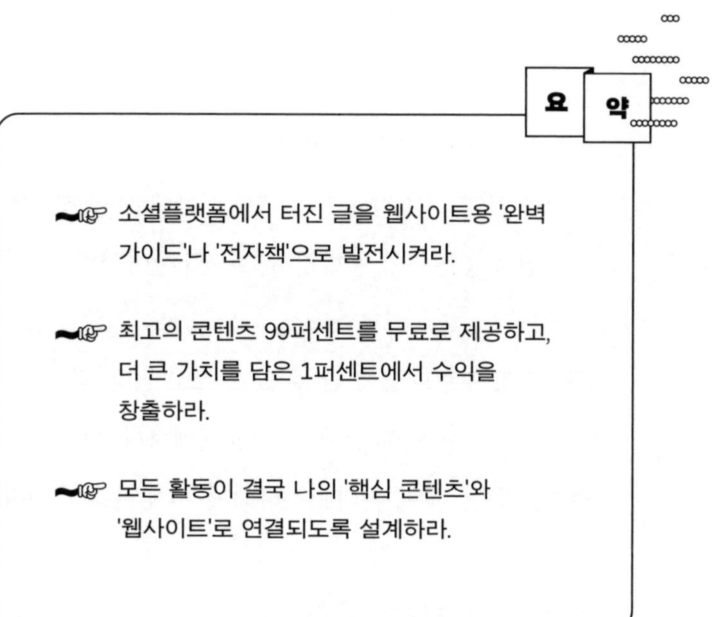

☛ 소셜플랫폼에서 터진 글을 웹사이트용 '완벽
가이드'나 '전자책'으로 발전시켜라.

☛ 최고의 콘텐츠 99퍼센트를 무료로 제공하고,
더 큰 가치를 담은 1퍼센트에서 수익을
창출하라.

☛ 모든 활동이 결국 나의 '핵심 콘텐츠'와
'웹사이트'로 연결되도록 설계하라.

12장

'돈이 될 수 있을까' 고민하는 당신에게

콘텐츠 글쓰기를 시작하면 대부분 가장 먼저 "돈이 되나요?"라고 묻는다. 그래서 가장 마지막에 답하겠다. '콘텐츠 글쓰기로 돈 벌기'는 다음 조건을 증명하기 전까지 우선순위가 아니다.

- **공개적으로 꾸준히 글을 쓸 수 있고, 쓰고 싶다.** 한 달에 한 번으로는 부족하다. 한 달에 두 번? 애매하다. 한 달에 네 번? 나쁘지 않다. 매일 쓴다고? 나에게 이메일을 보내라(cole@nicolascole.com). 당신에게 투자하고 싶으니까.
- **콘텐츠 버킷을 명확하게 정의했다.** 어떤 주제가 잘 먹히는지

안다. 타깃 독자의 관심을 끌고 유지하는 방법을 안다. 시행착오를 통해 독자들이 무엇을 좋아하고, 싫어하고, 더 원하는지 파악했다.

- **개인 웹사이트를 만들고 틈새시장에 자리를 잡았다.** 데이터를 근거로 가장 가치 있는 콘텐츠가 무엇인지 안다. '나는 이런 글을 쓴다. 이런 걸 찾는 사람이라면 제대로 찾아왔다'라고 선언할 수 있다.

이 모든 단계를 착실히 밟아왔다면? 비로소 돈을 벌 차례다. 글쓰기로 수익을 창출하는 방법은 단 세 가지뿐이다.

첫째, 광고 모델.

둘째, 유료 구독 모델.

셋째, 서비스 모델.

차근차근 살펴보자.

❶ 광고 모델

일명 '관심 모델'이다. 온라인 크리에이터는 자신에게 모인 관심을 기업이나 브랜드에 판매할 수 있다. 유튜버는 영상 앞에 광고를 붙이고, 인스타그래머는 제품 사진을 올리고, 인기 블로거는 글 속에 광고 배너를 넣어 수익을 낸다. 결국 같은 모델이다. 관심을 돈과 교환하는 것이다.

문제는, 이 방식으로 돈을 벌려면 정말 많은 관심이 필요하다는 점이다. 내가 《Inc. 매거진》 칼럼니스트였을 때를 예로 들겠다. 《Inc. 매거진》은 월 2000만 조회수를 기록하는 매체다. 이런 관심은 기업에 팔 수 있는 자산이고, 기업은 칼럼에 광고를 삽입한다. 누군가 내 글을 읽으면 《Inc. 매거진》이 광고 수익을 내고, 나도 그 일부를 받는다(참고로 조회수 당 0.1달러였다. 수백만 조회수를 내도 요트를 살 수준은 아니다). 광고 모델은 그럴듯해 보이지만, 치명적인 한계가 있다.

- **사람들은 광고를 싫어한다.** 페이지를 열면 화면이 버벅대고, 스크롤하면 대형 동영상 광고가 화면을 가득 채운다. 이는 독자 충성도에 악영향을 미친다. 소셜플랫폼이 독자층 구축에 더 유리한 이유이기도 하다.
- **사람들은 잦은 스폰서십을 신뢰하지 않는다.** 인스타그래머가 2주마다 다른 제품을 홍보하면 사람들은 그를 진지하게 여기지 않는다. 여러 브랜드와 협업하다 보면 '가식적'이라는 평가를 받는다. 독자들은 자신의 관심과 신뢰가 돈벌이로만 이용당한다고 느낀다.
- **광고는 엄청난 양의 조회수가 필요하다.** 주요 매체 칼럼니스트

들도 글쓰기만으로 생계를 유지하기 어렵다. 이유는 단순하다. 충분한 조회수를 내지 못하기 때문이다. 매달 수십만 조회수를 내야 겨우 1000달러를 번다. 한 달에 글 30개를 쓴다고 가정하면, 시간당 수익은 최저시급보다 낮다.

- **광고 수익은 불안정하다.**《Inc. 매거진》에서 어떤 달은 3000달러를 벌었지만, 어떤 달은 400달러밖에 못 벌었다. 관심으로 돈을 벌면 수입이 들쭉날쭉해서 미래를 계획하기 어렵다. 내가《Inc. 매거진》칼럼 수입이 회사 급여보다 많았는데도 회사를 그만두지 못한 이유가 바로 이것이다. 내 수입이 바이럴 성공 여부에 달려 있었기 때문이다. 몇 달 치 데이터로 꾸준한 수익을 확인하기 전까지는 정규직 급여를 포기할 수 없었다.

그런데도 광고 모델이 인기인 이유는 가장 이해하기 쉬운 모델이기 때문이다. 문제는, 유튜버가 시청자의 관심을 광고주에게 팔 듯이, 작가가 독자의 관심을 직접 팔 수 있는 소셜플랫폼은 아직 없다는 점이다. 미디엄이 잠시 시도했지만 지금은 '유료 구독' 모델로 전환됐다.

그래서 많은 작가가 조회수를 돈으로 바꾸는 법을 모른 채 온라인에 글을 쓰고 있다. 온라인 작가가 광고로 수익을 내는 방법은 크게 다음과 같다.

① 자신의 콘텐츠에 광고 공간 판매하기

주요 매체들이 기업에 광고 공간을 판매하듯, 개인 작가도 같은 방식으로 수익을 낼 수 있다. 몇 년 전 미디엄은 누구나 자기만의 매체를 만들 수 있는 서비스를 시작했다. 개인이 작은 잡지사를 운영하듯 다른 작가들의 글을 발행하는 방식이었다. 당시 이런 매체 대부분이 광고로 수익을 올렸다. 개인이 매체를 만들고, 작가 수십 명을 모아 글을 받은 다음, 글 안의 광고 공간을 판매하는 식이었다.

독립 작가도 똑같이 할 수 있다. 독자층이 충분히 크고(팔로워 최소 5000명), 트래픽이 충분히 많다면(월 조회수 최소 5만 회), 관련 브랜드에 연락해서 게시물에 광고를 실을 의향이 있는지 물어볼 수 있다. 글 어딘가에 브랜드의 구매 페이지를 링크하는 대가로 돈을 받는 것이다. 광고 공간을 판매하면, 다음 중 한 가지 방식으로 수익을 얻는다.

- 노출 수: 얼마나 많은 사람이 게시물을 보는지
- 클릭 수: 얼마나 많은 사람이 브랜드 링크를 클릭하는지
- 전환율: 얼마나 많은 사람이 브랜드의 잠재고객(이메일 주소 확보)이나 구매 고객으로 전환되는지

주의할 점도 있다. 많은 브랜드가 (역효과인 줄도 모르고) 노골적인 '판매 문구'를 요구하기도 한다. '#광고 그래서 저는 ○○ 제품을

추천합니다. 제가 먹어본 것 중 가장 맛있고 가장 저렴한 제품이에요!' 같은 문구 말이다. 브랜드의 무리한 요구를 모두 들어줄 필요는 없다. 이 과정이 만만치 않게 들리는가? 실제로도 그렇다. 이제 당신은 전업 작가이자 동시에 광고 영업 전문가가 되어야 하니까.

참고로 광고 공간 판매는 소셜플랫폼에서만 가능하다. 주요 매체에 글이 실리는 순간 저작권은 매체에 있다. 게다가 계약서에는 칼럼니스트가 다른 회사, 제품, 서비스 등을 언급하거나 홍보하는 대가로 돈을 받을 수 없다는 엄격한 조항이 있다.

② 브랜드 스폰서십 유치

좀 더 쉬운 방식은 특정 브랜드와 공식 스폰서십을 맺는 것이다. 마이클 조던과 나이키처럼 스타와 브랜드 간의 파트너십은 출판계에서는 아직 드물다. 하지만 앞으로 SNS 기반의 작가가 늘어난다면 이런 협업은 점점 보편화될 것이다.

오늘날 온라인 작가가 브랜드를 통해 수익을 내는 전형적인 방식은 웹사이트 배너 광고다. 건강·다이어트 관련 글을 쓴다면 영양제 회사의 후원을 받아 한 달 동안 웹사이트 상단에 로고와 제품을 노출할 수 있다. 음악 블로거라면 음반사 후원을 받아 블로그 곳곳에 소속 아티스트들의 음원이나 이미지를 배치할 수도 있다.

브랜드 후원은 보통 한 달 단위로 진행되며, 노출 수, 클릭 수,

전환율 등 성과에 따라 연장 여부가 결정된다. 트래픽이 큰 웹사이트라면 꽤 괜찮은 수익원이 될 수 있다. 하지만 현실적으로는 쉽지 않다. 직접 브랜드에 연락해 왜 내 사이트가 효과적인 광고 플랫폼인지 설득해야 한다('트래픽이 많다' 또는 '독자층이 열성적이다' 같은 이유로). 게다가 청구서 발행부터 정산까지 도맡아야 한다.

솔직히, 개인 웹사이트 트래픽이 그렇게 크면 이미 작가로서 돈을 버는 더 쉽고 좋은 방법을 알고 있을 가능성이 크다.

③ 구글 광고로 사이트 수익 내기

온라인 작가(특히 블로거)가 가장 흔히 쓰는 수익 모델은, 웹사이트 트래픽을 늘린 뒤 구글 광고를 붙여 자동으로 수익을 내는 것이다.

개인 웹사이트도 주요 매체도 모두 이 방식을 쓴다. 구글 광고의 원리는 간단하다. 광고를 '켜두기만 하면' 구글이 방문자에게 맞춤형 광고를 자동으로 노출한다. 장점은 직접 관리할 것이 거의 없다는 것이다. 광고비를 투자할 브랜드를 찾아다닐 필요도, 계약을 협상할 필요도 없다. 하지만 이 장점이 단점이 되기도 한다. '켜고 *끄기만 하면*' 되다 보니 어떤 광고가 내 웹사이트에 나타날지 선택권이 거의 없고, 웹사이트의 품격이 떨어져 보일 수 있다.

나는 이 수익 창출 방식을 별로 추천하지 않는다. 광고는 지렛대와 같다. 더 많은 수익을 내려면 더 많은 광고를 실어야 한다. 하지만 광고가 많아질수록 글을 위한 공간은 줄어들고 가독성도 떨어진다. 그렇다고 광고를 줄이면 수익이 줄어든다. 악순환이다. 결국 선택지는 두 가지뿐이다. 광고 수익을 위해 독자 경험을 희생하든가, 독자 경험을 지키기 위해 광고 수익을 포기하든가. 이것이 구글 광고의 딜레마다.

④ 제휴 마케팅으로 수익 내기

콘텐츠 작가가 수익을 내는 가장 흔한 방식 중 하나가 제휴 마케팅이다. 원리는 간단하다. 내가 연결한 판매에 대해 수수료를 받는 것이다. 예를 들어, 독자층이 다이렉트 마케팅에 관심이 많다면, 클릭퍼널스Clickfunnels의 제휴 파트너가 될 수 있다. 이후 관련 글을 쓸 때 자연스럽게 '마케팅 퍼널을 구축하고 싶다면 클릭퍼널스를 참고해보라'며 고유 제휴 링크로 안내하면 된다. 독자가 고객이 되면 수수료가 지급된다.

아마존 제휴 프로그램도 대표적이다. 독자층이 추리 소설을 좋아한다면, 작품을 추천할 때 아마존 제휴 링크를 걸 수 있다. 독자가 그 링크로 책을 구매하면 수수료가 발생한다. 추천 시 제휴 사실을 투명하게 밝히는 것이 일반적인 관행이며, 적절한 제품을 추천하는 한 독자들도 긍정적으로 받아들인다.

수익성이 크지 않을 것 같지만, 제휴 마케팅은 70억 달러 규모의 산업이다. 글 속에 제휴 마케팅을 자연스럽게 녹여내어 큰 수익을 내는 작가도 많다. 다만 이 모델은 출판 작가보다는 디지털 마케터나 콘텐츠 작가에게 더 잘 맞는다. 품위 있게 활용한다면, 제휴 마케팅은 쏠쏠한 부수입원이 될 수 있다.

⑤ 작가의 정체성으로 수익 내기

광고 수익이 가능한 다른 소셜플랫폼을 활용하는 방법도 있다. 글로 직접 돈을 벌기보다는, 글을 통해 모은 관심을 유튜브, 팟캐스트, 인스타그램으로 확장하는 것이다. 그곳에서 글쓰기 노하우를 공유하거나, 작업 과정이나 루틴, 작가로서의 일상을 보여줄 수 있다.

요즘 '좋아하는 일로 생계를 꾸리는' 가장 현실적인 방법은 그 일 자체에만 있지 않다. 그 일을 둘러싼 모든 것을 수익화하는 것이다. 실제로 글쓰기 콘텐츠를 쓰는 것보다 글쓰기 강의를 하는 유튜버가 더 큰 수익을 올리기도 한다.

물론 이 방식에 거부감이 들 수도 있다. 나 역시 글이 아닌 다른 방식으로 돈을 벌면 전업 작가의 꿈을 '포기'하는 것 같다고 느꼈다. 하지만 오히려 반대였다. 글로 돈을 벌고 싶다면, 수입원은 많을수록 좋다. 베스트셀러가 더 이상 팔리지 않으면? 웹사이트 방문자가 줄어들면? 새 장르에 도전하고 싶으면? 수입원이 하나뿐이라면 매번 처음부터 다시 시작해야 한다.

따라서 작가로서 성장하고 스스로를 알릴 기회가 있다면 망설이지 말고 잡아라. 글만 쓰는 것보다, '작가로서의 정체성'을 확장하는 편이 훨씬 유리하다.

❷ 유료 구독 모델

일명 '독점 모델'이다. 온라인 작가의 두 번째 수익 모델은 '콘텐츠 접근 권한'에 요금을 부과하는 방식이다. 광고 모델과 가장 큰 차이는 '규모'다. 광고는 수십만 단위의 조회수가 있어야 수익이 나지만, 유료 구독 모델은 소수의 충성 독자만 있어도 바로 수익을 낼 수 있다. (물론, 사람들이 무엇에 기꺼이 돈을 내는지 데이터로 파악하는 일이 우선이다.)

내가 '작가'로서 처음 수익을 낸 것도 이 방식이다. 2015년, 쿼라에서 "자기도 몰라볼 만큼 자신을 변화시킬 수 있나요?"라는 질문에 답한 내 글이 화제가 되었고, 나는 그 관심을 수익화하기로 했다. 그래서 피트니스 전자책을 써서 내 웹사이트에서 판매했다. 100만 조회수에서 광고 수익은 발생하지 않았지만, 내 운동 루틴과 식단을 알고 싶어 하는 독자들이 전자책 접근 권한을 구매하면서 수천 달러를 벌 수 있었다.

수백만 명에게 노출될 필요는 없다. 충성 독자 1000명이면 충분하다. 케빈 켈리의 칼럼 「1000명의 진짜 팬1000 True Fans」은 이 점을 정확하게 설명한다. 연간 100달러를 쓸 의향이 있는 진짜 팬 1000명만 있어도 연 10만 달러의 수익을 낼 수 있다는 것이다. 모든 작가가 도달할 수 있는 현실적인 목표다. 나는 '관심 모델'보다 '독점 모델'을 훨씬 선호한다. 다만 접근 권한을 팔아 수익을 내려면, 다음 세 가지 장벽을 넘어야 한다.

1. **어느 정도의 '관심'은 여전히 필요하다.** 많은 작가가 20달러짜리 전자책부터 팔고 싶어 하지만 지름길은 없다. 데이터를 수집하고, 주제를 검증하고, 무료 플랫폼에서 웹사이트까지 독자들을 성공적으로 이동시켜야 한다. 다만 1000명의 틈새 독자로도 시작할 수 있다는 점이 다를 뿐이다.

2. **유료 콘텐츠는 무료보다 훨씬 더 좋아야 한다.** 무료 콘텐츠도 만들기 어렵다. 하지만 유료 콘텐츠의 기대치는 그보다 훨씬 더 높다. 무료로도 독자들을 사로잡지 못했다면, 유료 제품을 내놓는 건 시기상조다.

3. **유료 콘텐츠에는 더 많은 책임이 따른다.** 광고 모델은 질보다 양을 부추기지만, 유료 독자는 전문성, 만족도, 정시 제공, 신뢰를 모두 요구한다. 그래서 유료 콘텐츠로 성공한 작가들은 돈을 많이 벌지만, 그만큼 더 많은 공을 들인다.

나는 확신한다. 디지털 시대의 작가에게 가장 현실적인 수익 모델은 '독점 콘텐츠'다. 수백만 명의 눈에 들 필요는 없다. 관심사가 뚜렷한 틈새 독자층만 사로잡으면 된다. 그리고 그 안에는 기꺼이 지갑을 여는 사람들이 존재한다. 자, 그렇다면 독점 콘텐츠 모델로 수익을 내는 방법을 구체적으로 살펴보자.

① 유료 구독 모델 시작하기

점점 더 많은 웹사이트가 광고 대신 구독 수익 모델을 선택하고 있다.《뉴욕 타임스》와《월 스트리트 저널》같은 주요 매체는 이미 일부 콘텐츠를 유료로 전환했다. 독자는 무료 기사 몇 개를 맛본 뒤, 더 읽고 싶다면 결제를 해야 한다. 미디엄, 왓패드도 이 모델을 도입했다. 독자에게 월 이용료를 받고, 플랫폼에 독점 콘텐츠를 제공하는 작가들에게 수익을 배분하는 방식이다.

글쓰기로 수익을 내려면 플랫폼들의 움직임을 꾸준히 살펴야 한다. (이런 기회들을 가장 먼저 알고 싶다면 내 유료 뉴스레터를 구독하는 걸 추천한다. 홍보 맞다!) 예를 들어, 왓패드는 최근 '유료 연재Paid Stories'를 도입했다. 독자가 웹이나 앱에서 '코인'을 구매해 좋아하는 작가의 작품을 잠금 해제하는 시스템이다. 다만 이 기능은 플랫폼 내 상위 작가들에게만 제공된다. 즉, 이 방식으로 수익을 내려면 최소한 6개월 이상 무료 콘텐츠를 꾸준히 올려 독자 반응을 파악하고, 플랫폼 내에서 입지를 확보해야 한다. 현실적으로는 1~2년의 투자 기간이 필요하다.

그렇다고 수익화를 주저할 필요는 없다. 다만 경제적 성공을 이루려면 무엇이 필요한지 정확히 이해해야 한다.

② 제품 만들기

책을 쓰는 일은 단순한 글쓰기 이상의 노력이다. 결국 책도 하나의 상품이기 때문이다. 사람들이 15달러짜리 책을 사는 이유는 저자가 공들여 썼기 때문이 아니라, 자신에게 도움이 되리라 기대했기 때문이다. 독자들은 자신의 필요와 열망, 혹은 작가가 대변하는 가치나 논란, 혹은 커피 테이블에 두기 좋은 디자인 때문에 책을 산다.

어쨌든 하나의 상품을 구매하는 것이다. 책은 작가가 만들 수 있는 여러 상품 중 하나일 뿐이다. 워크북, 달력, 머그컵, 가죽 노트, 티셔츠, 양초, 격언 카드 등도 작가의 손에서 탄생할 수 있는 상품이다. 『돌파력』과 『데일리 필로소피』의 작가 라이언 홀리데이가 대표적이다. 『데일리 필로소피』가 베스트셀러가 된 뒤, 그는 스토아 철학의 수요가 크다는 걸 깨닫고 웹사이트 dailystoic.com을 열었다. 그곳에서 격언 반지, 펜던트, 카드, 마르쿠스 아우렐리우스의 흉상 모형까지 판매하며 해당 장르를 라이프스타일 브랜드로 확장했다.

③ 강좌 판매하기

책 집필이 작가로서 돈을 버는 가장 '문학적인' 방법이라면, 강좌는 가장 '효율적인' 방법이다.

100만 달러를 벌기 위해 10달러짜리 책은 10만 권이 팔려야 하지만, 200달러짜리 강좌는 5000명만 구매하면 된다. 물론 필요한 역량이 다르지만, 책과 강좌를 함께 운영하면 안전성과 수익성 모두 확보할 수 있다.

베스트셀러 『아주 작은 습관의 힘』의 저자 제임스 클리어가 좋은 예다. 그의 웹사이트에는 '습관 아카데미'라는 299달러짜리 동영상 강좌가 있다. 책의 내용을 영상으로 설명하는 구성일 뿐이지만, 수천 명이 이 강좌를 구매했다. 이유는 다양하다. 책보다 영상 학습을 선호해서, 혹은 제임스 클리어의 열렬한 팬이라 모든 콘텐츠를 경험하고 싶어서(1000명의 진짜 팬), 혹은 영상 강좌가 실천을 더 체계적으로 도와준다고 느껴서일 수 있다. 좋은 습관을 만들고 싶은 사람에게 299달러는 괜찮은 투자가 될 수 있다.

많은 베스트셀러 작가가 강좌를 개설하는 이유는 단순하다. 책만으로는 고수익을 내기 어렵다는 것을 알기 때문이다. 『신경 끄기의 기술』의 저자 마크 맨슨도 자신의 웹사이트에서 인생 조언 강좌를 판매한다. 책을 읽고 더 배우고자 하는 독자들은 강좌의 잠재고객이 된다.

④ 유료 뉴스레터 시작하기

이는 내가 요즘 가장 좋아하는 수익원이다. 유료 뉴스레터는 작지만 강력한 유료화 시스템이다. 미디엄이나 왓패드 같은 플랫폼에 의존하기보다, 서브스택 같은 곳에서 독점 콘텐츠로 직접 수익을 낼 수 있다.

이 모델의 가장 큰 장점은 예측 가능한 월 구독 수익이다. 《Inc. 매거진》과 미디엄에서는 성과에 따라 수입이 들쭉날쭉했지만, 유료 뉴스레터는 독자들이 매달 구독료를 내기에 훨씬 안정적이다. 한 달 뒤 수입이 뚝 끊길 걱정을 덜 수 있고, 미디엄 같은 플랫폼에서 입지를 다질 때보다 더 빠르게 수익을 낼 수도 있다. 월 10달러를 내는 진짜 팬 1000명이 있다면, 매달 1만 달러의 수익을 기대할 수 있다. 즉, 소수의 충성 독자만으로도 충분히 고수익을 올릴 수 있다.

유료 뉴스레터를 복잡하게 생각할 필요는 없다. 그저 자신의 콘텐츠 라이브러리 중 가장 가치 있는 부분이라 생각하라. 예를 들어, 집필 중인 책을 종이책으로 출간하는 대신, 그 내용을 매주 한 꼭지씩 유료 뉴스레터로 발행할 수 있다. 어쩌면 그편이 더 이익일 수도 있다. 책이 꼭 전통적인 형태일 필요는 없다.

⑤ 이벤트 기획하기

마지막으로, 워크숍, 북토크, 패널 토론, 강의 등 이벤트를 진행할 수 있다. 이는 단순한 정보 전달을 넘어, 독자와 직접 교류하며 소통하는 방법이다. 책이나 영상으로 누군가의 생각을 접하는 것과, 그 사람과 실시간으로 소통하는 경험은 전혀 다르다.

이벤트를 기획할 때는 독자에게 어떤 '부가 가치'를 제공할 수 있을지 고민하라. 소설가라면 글쓰기 워크숍을 열거나, 독자와 함께 다음 작품의 콘셉트를 구상하는 자리를 마련할 수 있다. 논픽션 작가라면 회고록 자비출판 과정을 알려주는 강좌를 진행할 수 있다. 카피라이터라면 유명 카피라이터들을 초빙해, 지망생 10명 대상 250달러의 프리미엄 특강을 열 수 있다. 블로거라면 트래픽 확보 전략을 공유하는 정기 모임을 만들어 매달 만날 수 있다.

❸ 서비스 모델

일명 '대신 해드립니다' 모델이다. 온라인 작가의 세 번째이자 마지막 수익 모델은 내가 해낸 일을 남을 위해 대신 해주는 것이다.

안타깝게도 많은 작가가 자신의 능력이 지닌 가치를 모른다. 자신의 세계에만 몰두한 나머지 그 능력이나 통찰이 타인에게 얼마나 유용할지 가늠하지 못한다. 자신에게는 당연한 일이 모두에게 당연하다고 착각하는 것이다.

경험과 경쟁력이 있다면, 콘텐츠·칼럼 작성, 이메일 강좌, PDF 가이드 제작, 아마존 전자책 판매 같은 일을 의뢰받을 수 있다. 즉, 내가 만들어낸 결과물을 다른 사람들도 원한다면 그것이 곧 서비스가 된다. 작가가 '서비스 모델'로 수익을 내는 방법은 다양하다.

① 콘텐츠 작성

'콘텐츠 작성'은 상당히 폭넓은 개념이다. 오늘날 콘텐츠가 필요하지 않은 업계는 없다. 인터넷은 거대한 콘텐츠 라이브러리이며, 사람들은 끊임없이 무언가를 보고, 읽고, 듣고, 나눈다. 대부분의 콘텐츠 작성 업무는 '1200자 분량 블로그 포스트 몇 편' 또는 '7000자 리포트 한 편'처럼 분량 중심으로 접근한다. 하지만 콘텐츠의 가치는 글자 수로 측정되지 않는다.

글자 수로 가치를 매기면 두 가지 오류를 범한다. 첫째, '작성자의 실력은 비슷하니 가장 싼 사람을 고르면 된다'는 잘못된 인식을 만든다. 둘째, 글자수를 채우는 것이 목표가 되어버린다. 우리의 목표는 단순히 분량을 맞추는 게 아니다. 타깃 독자에게 진짜 가치를 전달하고, 그들이 자발적으로 뉴스레터를 구독하거나 제품을 구매하게 만드는 것, 그것이 콘텐츠의 본질이다. 그 결과를 만들어낼 수 있다면 성공은 자연스럽게 따라온다.

② 대필

대필은 고급 콘텐츠 작성이라고 할 수 있다. 일반적인 콘텐츠 작성이 주로 기업을 위한 글쓰기라면, 대필은 그 기업을 이끄는 경영자나 공인을 위한 글쓰기다.

나는 스물여섯 살 때 우연히 경영인 대필의 세계에 발을 들였다. 누구도 이런 업계가 있다는 걸 알려주지 않았고, 대학에서도 진로 선택지로 언급된 적 없었다. 모든 것은 한 성공한 사업가의 이메일에서 시작됐다. 그는 회사를 10억 달러 이상에 매각한 인물이었는데, 내가《Inc. 매거진》에 연재한 칼럼을 보고 자신의 이야기와 통찰을 나누는 일을 도와줄 수 있겠느냐고 물었다.

한 명의 고객은 두 명이 되었고, 두 명은 네 명으로 늘어났다. 1년 뒤, 디지털프레스는 10명 이상의 정직원과 50명 이상의 고객을 확보한 회사로 성장했다. 물론 대필에는 몇 가지 편견이 따른다. 남이 자기를 대신해 글을 쓰는 것을 불편하게 여기는 사람들이 있다. 괜찮다. 그들은 우리의 고객이 아닐 뿐이다. 어떤 작가들은 자신의 글솜씨를 남을 위해 쓰는 걸 꺼린다. 하지만 나는 대필을 단순히 '대신 쓰기'가 아니라 '공동 집필'에 가깝다고 본다. 내가 아무리 뛰어난 작가라 해도, 다른 사람의 경험과 통찰, 고유한 시각을 가질 수는 없기 때문이다.

글은 내 기술로 쓰이지만, 그 속의 생각과 관점은 분명히 그들의 것이다. 대필이 작가에게 매력적인 진로인 이유는 세 가지다. 첫째, 실질적으로 가치 있는 인맥을 쌓으면서 보수를 받을 수 있다. 둘째, 일반적인 콘텐츠 마케팅보다 훨씬 수익성이 높다. 우리가 파는 것은 단순한 '집필 노동'이 아니라 '메시지의 명확성'이기 때문이다. 자기 생각을 세상에 정확히 전달할 수 있다는 것은 누군가에게는 엄청난 가치를 지닌다. 셋째, 다양한 목소리로 글을 쓰는 능력이 요구된다. 여성 경영인의 어조는 남성 경영인과 다르고, 투자자의 시선은 창업자와 다르다. 음악가를 위한 글쓰기는 운동선수나 정치인을 위한 글쓰기와 다르다. 이처럼 여러 목소리를 자유롭게 오가는 법을 익히다 보면 글쓰기 실력도 비약적으로 성장한다.

③ 카피라이팅

'카피라이팅'의 진정한 의미를 아는 사람은 많지 않다. 이 단어는 흔히 광고 문구 전반을 지칭하는 데 쓰이지만, 그 예술성은 훨씬 깊다. 성공한 카피라이터들은 타깃 독자의 구매 욕구를 자극할 '단 하나의 단어'를 찾기 위해 도스토옙스키가 『죄와 벌』을 다듬는 만큼 치열하게 고민한다.

카피라이팅 기술을 익히는 데는 시간이 걸린다. 하지만 나는 장르를 막론하고 모든 작가 지망생에게 카피라이팅을 배워보라고 권한다. 카피라이팅은 곧 영업의 기술이기 때문이다. 작가로서 우리는 늘 독자에게 무언가를 '팔고' 있다. 이 책 역시 '콘텐츠 글쓰기로 성공할 수 있다'는 아이디어를 팔고 있다. J.K. 롤링은 〈해리 포터〉 시리즈에서 독자에게 호그와트, 퀴디치, 마법 세계의 생생함을 팔았다. 무엇을 읽든 우리는 영업을 당하고 있으며, 그 글이 얼마나 와닿는가에 따라 계속 읽을지, 주변에 공유하거나 추천할지 결정한다.

카피라이팅은 가장 수익성이 높은 글쓰기 분야 중 하나다. 일류 카피라이터들은 재무적 결과를 만들어내는 대가로 큰 보수를 받는다. 세계적인 카피라이터는 단 한 장의 세일즈 레터로 수십만 달러를 받기도 하고, 그 레터가 실제로 매출을 일으킨다면 수백만 달러의 인센티브를 받기도 한다.

④ 기업 메시징, 컨설팅, 자문

메시징은 기업 차원의 전문적 글쓰기다. 전 세계의 기업들은 늘 같은 질문을 던진다. '우리의 정체성을 어떻게 더 효과적으로 전달할 수 있을까?', '경쟁사와 차별화된 방식으로 고객과 소통하려면 어떻게 해야 할까?', '우리가 해결하려는 문제를 세상에 어떻게 알릴 수 있을까?' 이 분야가 바로 컨설팅과 자문의 세계다. 많은 작가가 고수익이 보장된 이 영역에서 자신의 언어적 재능을 발휘할 수 있다는 사실을 모른다.

사람들은 전문성에 기꺼이 돈을 낸다. 글쓰기, 출판, 미디어에는 수많은 전문 분야가 있다. 그중 하나만 깊이 있게 다뤄도, 같은 길을 걷고자 하는 사람들에게 귀중한 나침반이 될 수 있다. 검색엔진 최적화를 잘한다면 그 분야의 전문가로 자리 잡을 수 있다. 페이스북 광고 문안을 잘 쓴다면 그 능력만으로도 독립적인 사업을 운영할 수 있다. 자비출판에 밝다면 대형 출판사에 트렌드와 독자 확보 전략을 자문할 수 있다. 투자 유치 제안서 작성에 능하다면 스타트업의 전략 컨설턴트로 일할 수도 있다. 언어가 사람들의 인식과 감정, 행동에 어떤 영향을 미치는지 깊이 이해한다면, 글쓰기의 가능성은 실로 무궁무진하다.

○ ○ ○

오늘날 글쓰기로 성공하고 싶다면 단순히 작가로 머물러서는 부족하다. 작가가 창가에서 대작을 쓰는 동안 출판사가 찾아와 차와 과자를 내어주고 원고를 모셔가던 시대는 이미 끝났다. 이제는 기업가가 되어야 한다.

오늘날 성공하고 경제적 자유를 얻는 작가들은 개인 브랜드이자 1인 기업이다. 출판사이자 제작자이며, 동시에 유통자다. 즉, 올라운더다. 그들은 그 역할에 따르는 책임을 기꺼이 감수한다. 그래야 자신의 작품으로 더 큰 수익을 내고, 더 많은 자유를 누릴 수 있으니까. 이 변화를 두려워하거나 옛날 방식을 그리워하지 말라. 세상은 이미 그 방향으로 가고 있다.

내 중학교 수학 선생님이 늘 하던 말처럼, "올라타든지 내리든
지 해라. 어쨌든 우리는 떠날 거다."

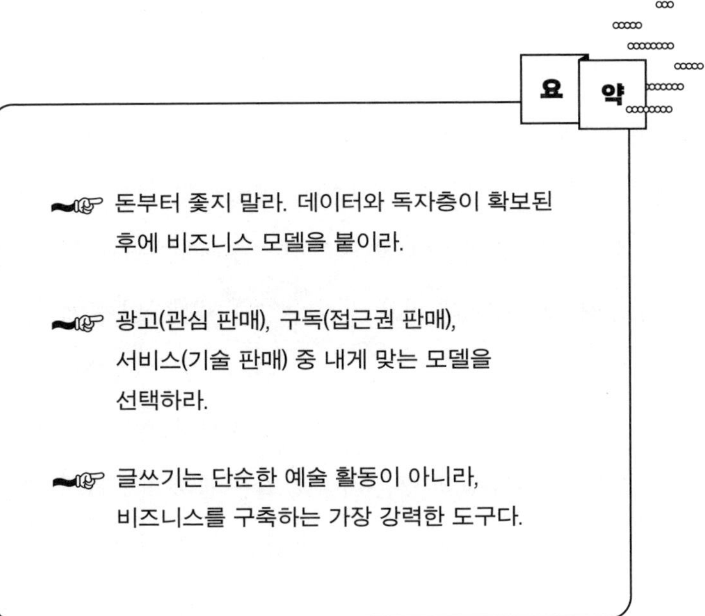

이 책의 독자 대부분은 여기서 소개한 방법들을 실천하지 않을 것이다(당신이 그중 하나가 아니길 바란다). 왜일까?

재능 있는 작가들이 꿈을 이루지 못하는 진짜 이유는 글솜씨가 부족해서가 아니다. 바로 자기 수양과 자신감의 문제다. 어떤 분야든 숙련이 필요하다.

나는 이 책에 담긴 모든 방법이 효과적임을 확신한다. 직접 실천해 보았고, 내 주변의 많은 사람도 같은 결과를 얻었다. 그들의 콘텐츠는 수십, 수백만 조회수를 기록했고, 주요 매체에 실렸다. 팟캐스트 출연, 네트워크 구축, 각 분야에서의 전문성 인정 등 다양한 기회를 만들어냈다.

나는 이 원칙들 위에서 회사를 세웠다. 사업가, 경영인, 투자자, 연설가, 그래미 수상 뮤지션, 올림픽 출전 선수, 베스트셀러 작가 등 300명 이상의 전문가와 협업했다. 함께 수천 편의 글을 발행하고, 수백만 회의 조회수를 기록했으며, SNS 영향력을 확장하고, 책과 상품을 출시했다. 세계 유수 기업에 자문을 제공하기도 했다.

이 모든 성과는 단 하나의 단순하고 분명한 습관에서 시작되었다. 바로 글을 쓰는 것이다. 아주 많이.

"어떻게 하면 조회수를 높일 수 있나요?", "어떻게 해야 출판할 수 있나요?" 내가 가장 자주 받는 질문이다. 하지만 그 질문들에는 늘 조급함과 특권의식이 묻어 있다. '내 글은 널리 읽혀야 해. 작가로 가장 빠르게 성공하는 길이 뭐지?' 정작 그들은 자신의 행동, 습관, 노력이 그 결과를 얻을 수준에 이르지 못했다는 걸 모른다. 글쓰기를 주말 취미쯤으로 여기고, 자신을 알리는 방법이나 글쓰기 사업을 배우는 데 시간을 쓰지 않는다. 무엇보다, 매일 앉아서 글을 쓰지 않는다. 그저 상상만 할 뿐이다.

내 아버지는 매일 지하실에서 근력 운동을 했다. 낡은 나이키 민소매 셔츠 등판에는 이런 문구가 적혀 있었다. "연습하지 않을 때도 기억하라. 어딘가에는 당신보다 더 열심히, 더 빠르게, 더 오래 연습하는 사람이 있다. 그들은 더 간절하다. 언젠가 맞붙게 되면, 그들이 이길 것이다."

콘텐츠 글쓰기는 게임이다. 베스트셀러 집필도, 온라인 콘텐츠 작성도, 경영인 대필도, 기업 메시징 컨설팅도, 원작 소설 영화화까지. 모두 하나의 게임이다. 누구나 이 게임을 시작할 수 있고, 누구나 이 게임의 달인이 될 수 있다. 문제는 단 하나다. 당신은 정말로 승리할 자격이 있는가?

지은이 **니콜라스 콜** Nicolas Cole

누적 조회수 1억 뷰를 기록한 콘텐츠 글쓰기의 전설이자, 연 매출 600만 달러(약 80억 원) 규모의 글쓰기 비즈니스 제국을 건설한 사업가다. 그는 4년 연속 쿼라Quora 선정 '최고의 작가'에 이름을 올렸으며,《타임》,《포브스》,《Inc.》등 세계적인 매체에 400편 이상의 칼럼을 기고하며 '글로 돈을 버는 법'을 몸소 증명해 보였다.

콜은 전통적인 문학 엘리트 코스 대신, 철저히 데이터에 기반한 글쓰기로 승부했다. 10대 시절 〈월드 오브 워크래프트〉 북미 랭커로 활약하며 게이머 블로그를 운영했고, 이때 독자의 반응을 이끌어내는 글쓰기의 힘을 처음 깨달았다. 이후 컬럼비아아칼리지 시카고 문예창작과를 수석으로 졸업하고 카피라이터로 일하며, 퇴근 후 매일 쿼라에 글을 쓰는 삶을 통해 자신만의 '글쓰기 흥행 공식'을 완성했다. 그는 "글쓰기는 예술이 아니라 데이터 게임"이라고 단언한다.

2017년 경영진과 창업가를 위한 고스트라이팅 에이전시 '디지털 프레스Digital Press'를 설립해 10개월 만에 연 매출 100만 달러를 달성하며 업계의 주목을 받았다. 현재 콘텐츠 글쓰기 코호트 프로그램 '십 30 포 30Ship 30 for 30'과 '프리미엄 고스트라이팅 아카데미PGA'를 운영하며 전 세계 수만 명의 작가 지망생과 마케터들을 '디지털 작가'로 양성하고 있다. 출간 즉시 아마존 분야 베스트셀러에 오른 이 책에는 문학적 재능 없이도 독자를 팬으로 만들고, 글쓰기를 평생의 수익원으로 만드는 그만의 10년 노하우가 집약되어 있다.

옮긴이 **이민희**

충실하게 듣고 능숙하게 전달하는 사람이 되고 싶은 번역가. 늘 가장 좋은 해석을 꿈꾼다. 옮긴 책으로 『무기가 되는 시스템』, 『사람들이 내 말에 집중하기 시작했다』, 『마지막 부의 공식』 등이 있다.

콘텐츠 설계자

쓰는 족족 팔리는 100만 조회수의 과학

펴낸날 초판 1쇄 2026년 2월 9일
　　　　초판 2쇄 2026년 2월 27일
지은이 니콜라스 콜
옮긴이 이민희
펴낸이 이주애, 홍영완
편집장 최혜리
편집3팀 안형욱, 강민우
편집 박효주, 홍은비, 김혜원, 최서영, 송현근
윌북주니어 도건홍, 한수정, 이은일
윌북에듀 윤미영
디자인 박소현, 윤소정, 박정원, 이찬형, 이현진
홍보마케팅 백지혜, 김태윤, 김준영, 박영채
콘텐츠 양혜영, 이태은, 조유진
해외기획 정수림
경영지원 박소현
펴낸곳 (주)윌북　**출판등록** 제2006-000017호
주소 서울특별시 마포구 동교로19길 28　**홈페이지** willbookspub.com
전화 02-323-3777　**팩스** 02-323-3778　**블로그** blog.naver.com/willbooks
트위터 @onwillbooks　**인스타그램** @willbooks_pub
ISBN 979-11-5581-858-9 (03320)